赤ちゃんの心は
どのように育つのか

社会性とことばの発達を科学する

IMAFUKU Masahiro
今福 理博［著］

ミネルヴァ書房

はじめに

本書は、子育てや保育、教育にたずさわる、今を生きる赤ちゃんや子どもとかかわる方々に読んでいただきたいという思いで書きました。本書の副題に、「社会性とことばの発達を科学する」とありますが、「赤ちゃんの心の発達が、科学でわかるの？」と思うかもしれません。心の発達にかんする現代の社会問題を解決するには、科学の視点が必要であることを、本書を通じてみなさんにお伝えしたいと思います。

「科学（science）」とは、ラテン語の〝scientia〟に由来し、「知ること」の意味です。また、科学は、何らかの問題に対して仮説を立て、実験や観察、調査をすることで、物事の真理を追い求める営みです。本書は、赤ちゃんや子どもの発達を理解するうえで、データによって得られた科学的根拠（エビデンス）にもとづいていることを大切にしています。

私は発達科学、発達心理学を専門に、赤ちゃんや子どもの心や行動、脳のしくみとその発達について研究をしています。発達科学や発達心理学は、ヒトの心の発達に影響する要因、もしくは関連する要因を明らかにする学問です。「影響する」要因とは、物事の因果関係の原因にあたるものです。たとえば、体重が増えたこと（結果）は、お菓子を食べすぎたり

（原因1）、運動不足であるため（原因2）に起こったのかもしれません。「関連する」要因とは、物事の相関関係のように、ある要因に合わせて変化するもう一方の要因のことです。たとえば、「身長が高いほど体重が重い」というように要因間の関係を検討します。

心の発達にかかわる要因間の因果関係や相関関係を明らかにすることで、「この子はどのような発達の特徴があるのか」「どのような子育てやかかわり方が、発達にどのように良いのか」という疑問にも答えられるかもしれません。

それでは、心の発達にかかわる要因とは何でしょうか。大きく分けると、遺伝子などの遺伝要因と、家庭や学校などの環境要因です。心の発達の主要な考え方の一つにも、「心は遺伝と環境がお互いに影響（相互作用）する中で発達する」というものがあります。

本書は、赤ちゃんや子どもの社会性やことばの発達について、国内外の最新の知見をまとめました。また、子育てをする大人を対象とした研究についても論じました。さらに、心理学の観点からみた乳幼児教育、保幼小の連携や小一プロブレム、世界の教育で重要視されつつある社会情動的スキル（非認知能力）、日本人の自己肯定感（自分を価値あるものとする感覚）や幸福感の低下、デジタルメディアの普及による子育て環境の変化、貧困と教育格差など、赤ちゃんや子どもを取り巻く現代社会の現状についても触れました。

科学的な実験や調査によって得られたデータから、赤ちゃんと子どもの発達をとらえるとどのような発見があるでしょうか。本書を通してぜひ感じ取ってください。

赤ちゃんの心はどのように育つのか——社会性とことばの発達を科学する　目次

はじめに

第4章　なぜ子育て環境が心の発達に大切なのか……95

第5章　心の発達から現代社会を考える……119

第1章　心の発達を科学する

1 心の発達を理解する

みなさんは日常生活で赤ちゃんや子どもとかかわる機会はあるでしょうか。もしあるのであれば、どのようにかかわっているでしょうか。

赤ちゃんや子どもには、発達段階と呼ばれるように、発達が質的に変化する時期がります。たとえば、移動運動では、寝返り、ハイハイ、つかまり立ち、二足歩行のように、順序を経て発達します。また、その発達には個人差があります。生後一一ヶ月で歩く赤ちゃんもいれば、生後一三ヶ月で歩けるようになる赤ちゃんもいます。

発達段階に応じた保育、教育のあり方は、文部科学省（二〇〇九）の資料「子どもの発達段階ごとの特徴と重視すべき課題」にも明記されています。そこではたとえば、「乳児は、外界への急激な環境の変化に対応し、著しい心身の発達とともに、生活のリズムの形成を始める。特に、視覚、聴覚、嗅覚などの感覚は鋭敏で、泣く、笑うなどの表情の変化や、からだの動き、「あーうー」「ばぶばぶ」といった喃語（まだ言葉にならない段階の声）により、自分の欲求を表現する」。また、「保護者など特定の大人との継続的なかかわりにおいて、愛されること、大切にされることで、情緒的な絆（愛着）が深まり情緒が安定し、人への信頼感をはぐくんでいくが、特にスキンシップは大きな役割を果たすといわれている。赤ちゃんは、この基本的な信頼感を心の拠りどころとし、徐々に身近な人に働きかけ、歩行の開始などとともに行動範囲を広げていく」という記述があります。

赤ちゃんや子どもの心をどう育むのか。それを考えるためには、赤ちゃんや子どもの発達段階や、発達の個人差を理解することから始めなければなりません。心の発達について理解できれば、適切なかかわりができるようになり、子育ての不安が安心に変わります。さあ、心の発達について学んでいきましょう。

2　心のはじまり

私たちの心は、いつ、どのように発達するのでしょうか。私もあなたも、赤ちゃんの時期がありました。赤ちゃんには「あーうー」という音声を発する時期がありますが、その音声の意味を理解し、赤ちゃんの心を読み取るのはむずかしいでしょう。しかし、発達心理学の観点からみると、それは決して意味のないことではないのです。

そもそも「心」とは何でしょうか。広辞苑（二〇〇八）によると、心とは「人間の精神作用のもとになるもの、またその作用であり、知識・感情・意志の総体である」とされています。この定義によると、ヒト以外の動物に心はないように思います。しかし、動物にも感情や意志があると考えられています。たとえば、犬を飼っている方は、犬に心があることを疑わないでしょう。実際に、犬は喜びや悲しみなどの基本感情（国や文化によらず同じように認識される感情）を表情で示します（Bloom & Friedman, 2013）。オマキザルでは、実験者からもらった食べ物よりも好きな物を他個体がもらっていると、実験者に食べ物を投げつけるという「嫉妬」ともとれる行動をするようです（van Wolkenten et al., 2007）。

では、赤ちゃんに心はあるのでしょうか。哲学者のジョン・ロックは、「生まれたばかりの人間の心は、何も書かれていない白紙（タブラ・ラサ）である」という有名なことばを残しています。しかし、近年の発達心理学研究から、生まれたばかりの新生児でさえ、多くの能力を備えていることが明らかになってきました。たとえば、新生児は人の顔やお母さんの声などの社会的刺激を、ほかの刺激よりも好みます。また、相手の顔表情や手の動きの真似をします。新生児模倣と呼ばれる現象です。ヒトが生まれながらにしてもつこれらの性質は、社会性やことばの発達の基礎になると考えられます。

3 なぜ赤ちゃんはかわいいのか

赤ちゃんは好きですか？　赤ちゃんを見ると、かわいいと感じる人が多いのではないでしょうか。レストランや電車の中で、赤ちゃんと微笑み合う経験をしたことがある人も多いと思います。赤ちゃんの笑顔を見ると、こちらも嬉しくなってしまいます。赤ちゃんを抱っこした経験がある人は、柔らかくてふわふわした印象を受けたのではないでしょうか。

かわいいとは何でしょうか。かわいいは、漫画やアニメなどの日本文化においても登場しますが、最近では海外でも〝kawaii〟という表記が用いられるようになりました。「かわいい」は、いとおしさを感じる対象に抱く感情（以下、かわいい感情）のことで、心理的・感情的な体験を指します（入戸野、二〇〇九）。

かわいい感情は、見た目の幼さとの関連において議論されることが主流でした。ローレンツが提唱したベビースキーマ（幼児図式）という概念では、人間や動物の幼体がもつ身体的特徴に着目しています（Lorenz, 1943：図1-1）。ローレンツによると、ベビースキーマは身体に対して大きな頭、前に張りでた顔をともなう高い上頭部、顔の中央よりやや下に位置する大きな眼、短くてふとい四肢、全体に丸みのある体型などの特徴があり、これらの特徴にあてはまる対象は、かわいく感じられます。赤ちゃんは、ベビースキーマをもつためにかわいいのです。

さらに、ベビースキーマをもつ対象は、見る人に「近づきたい」などの接近動機を高めるようです。たしかに、かわいい動物を見ると、「なでたい」「抱っこしたい」などと思って、対象に近づいてしまうものです。かわいいと感じることで、対象にポジティブな価値を見出し、社会的関与が動機づけられます（Sherman ＆ Haidt, 2011）。このため、赤ちゃんを見ると養育の動機が生じると考えられます。

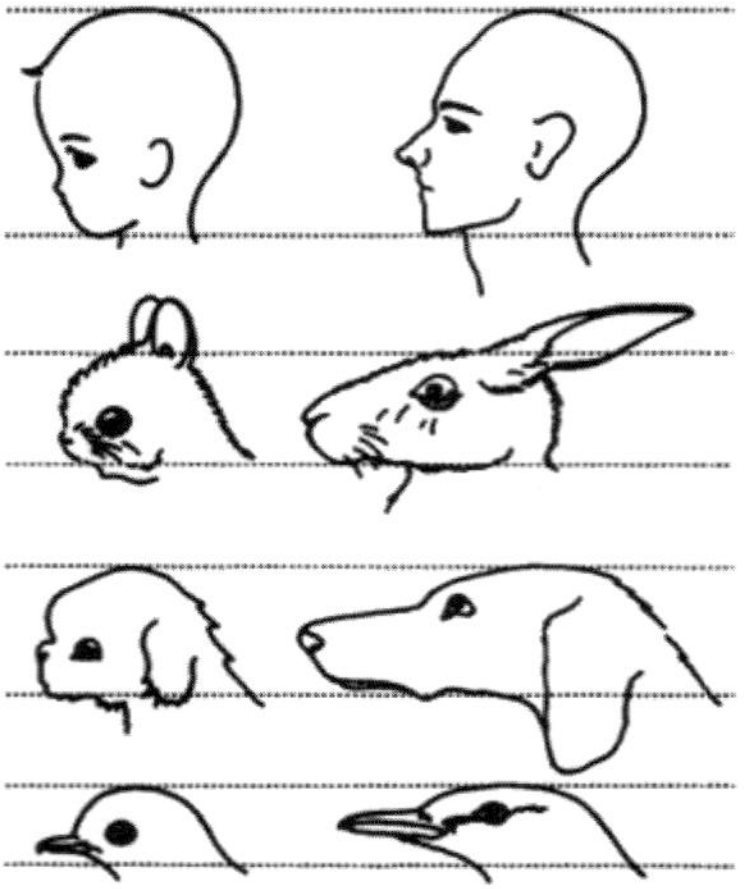

図1-1．ベビースキーマ

注：左はかわいい特徴をもつ対象（上から，ヒトの赤ちゃん，アフリカトビネズミ，チン，コマドリ），右はその同種や近縁種の成体（上から，ヒトの大人，ウサギ，猟犬，コウライウグイス）

出所：Lorenz（1943）

ところが、赤ちゃんはいつもかわいいわけではないようです。ある研究では、無表情の赤ちゃんよりも、笑顔の大人の方がよりかわいいと評定されました（入戸野、二〇一三）。つまり、笑顔であることがかわいい感情に影響するのです。たしかに、大人は赤ちゃんが笑顔だと嬉しくなりますが、泣いているときには不安を覚えます。大人が赤ちゃんをかわいいと感じ、養育したいと思うには、赤ちゃんの笑顔が重要であるのかもしれません。

4　ヒトらしい子育てのあり方

次に、ヒトの心が育つ環境について考えてみたいと思います。生物学者のアドルフ・ポルトマンが「生理的早産（自立して生活できない未熟な状態で生まれることを表す概念）」と呼んだように、ヒトの赤ちゃんは非常に脆弱な状態で出生します。

動物は就巣性と離巣性に分けられます。就巣性は、リスやウサギなどのように、妊娠期間が短く多産で生まれる種のことを指し、離巣性は、ウマやゾウなどのように、妊娠期間が長く原則一個体で生まれる種のことを指します。ポルトマンは、ヒトが未熟な状態で生まれる就巣性と、出産児の数が少なくなる離巣性の双方の特徴を併せもつことから、ヒトを二次的離巣性であるとしています。その理由として、①ヒトの脳が巨大化し、②二足歩行のために骨盤が狭くなったため、赤ちゃんを未熟な状態で出産する必要があったことが考えられます。

また、体毛の希薄化により、ヒトの赤ちゃんはチンパンジーのように自力で大人のお腹や背中にしがみつくのが困難になりました。ヒトの大人は、赤ちゃんを抱っこするか、どこかに寝かせます。これにより、親子で顔を合わせて子育てをするようになり、コミュニケーションの形態がより複雑に変化してきました。

子育ては、誰がするのでしょうか。ヒトの子育ては、「共同養育」という形態をとっています。共同養育とは、お母さんだけが子育てをするのではなく、お父さん、祖父母、血縁関係のない人も含めて、一人の子どもを育てることです。このように子育てを分担することで、お母さんに負担が集中することがなくなります。

お母さん以外も子育てをする共同養育のことを、専門用語ではアロマザリングと呼びます。アロマザリングの考えでは、赤ちゃんはお母さん以外の人にも愛着（アタッチメント）を形成すると考えられます。愛着とは、特定の人に対して形成する特別な情緒的結びつきです（Bowlby, 1969）。また、愛着行動は赤ちゃんから愛着対象へ接近を求める行動のことを指し、後追いや笑顔、発声、人見知り（愛着対象以外の人に対する回避的な行動）などがあります。赤ちゃんは、お父さん、おじいちゃん、おばあちゃん、保育者などにも愛着を示す可能性があるのです。

一方で、現代日本における家族形態は核家族が多く、身近に祖父母などがいないのが現状です。二〇一五年の時点では、核家族の世帯は全体の五五・八％にも上ります（国立社会保障・人口問題研究所、二〇一八）。これにともない、「ワンオペ育児」も増えています。ワンオペ育児は、子育てを行うパートナーが転勤などの事情で家庭から離れているために、一人で育児を行うことです。育児を一人で行うと、育児によるストレスも一人で負うことになります。

日本ではかつて、「三歳児神話」ということばがよく聞かれました。これは、三歳まではお母さんが子育てをしないと、子どもの発達に悪い影響がでるという言説です。産休を終えて職場復帰をして働く女性は、子どもを保育所などに預けますが、これは良くないことでしょうか。そもそも、三歳児神話は正しいのでしょうか。実際、三歳以前に、家庭のみで育った子どもと保育所に預けられていた子どもの発達を比較したところ、お母さんの就労が子どもの発達に影響を及ぼすという証拠はみられていないようです（内田、二〇一〇）。つまり、三歳児神話を支持する証拠は今のところないのです。

共同養育の考えからすると、ワンオペ育児や三歳児神話の考えは不適切だといえるでしょう。共同養育はお母さんの負担を軽減し、たくさんの子どもを育てることが可能なしくみです。したがって、保育所や幼稚園、認定こども園などの施設も、広い意味では共同養育の形態の一つであると考えられます。厚生労働省「保育所等関連状況取りまとめ（平成二九年四月一日）」によると、現在、保育所などの数はおよそ三万、利用児童数はおよそ二五四万名になります（厚生労働省、二〇一七b）。現状では、施設数と利用児童数のアンバランスが生じており、子どもを施設に預けることができない待機児童の問題が深刻です。この背景には、共働き世帯の増加や、離職による保育者の不足があると考えられます。これらの課題を一つずつ解決し、共同養育の場を増やし、質の高い乳幼児教育を行うことが重要です。それが、赤ちゃんの心を育むことにもつながるでしょう。

5　赤ちゃんの心を研究する

ここまで、赤ちゃんの心の発達について複数の視点からみてきました。心の発達を理解するには、どのような方法があるのでしょうか。私は、「発達心理学（developmental psychology）」という学問がその一端を担うと考えています。発達心理学は、胎児期（受精後九週～出生）、新生児期（出生～四週間）、乳児期（生後一ヶ月～一歳）、幼児期（一～五歳）、児童期（六～一一歳）、青年期（一二～二四歳）、成人期（二五～六四歳）、老年期（六五歳以上）にわたる、人の生涯の身体、知覚、認知、人格、感情などの成長や発達、また発達を阻害する要因を研究する分野です。ちなみに、各発達時期の区分については諸説あり、世界保健機関（ＷＨＯ）では青年期を一〇～二四歳としています。

近年では、発達心理学は近接の学問分野である神経科学、医学、工学、遺伝学、保育学などとの連携による学際研究が盛んになり、「発達科学（developmental science）」が構築されています。発達科学は、学際研究領域として、個人（行動、脳・神経系、遺伝子など）と環境（社会、文化など）との関係の中で人の発達を理解することを目指しています（Bornstein & Lamb, 2011）。子どもの発達にかかわる現代の社会問題を解決するには、一つの学問領域ではカバーしきれないのです。

発達科学や発達心理学は、実証研究によって心の発達にかんする多くの知見を明らかにしてきました。実証研究とは、対象者を観察・実験することで得られたデータを分析することによって行うものを指します。では、データはどのように取得するのでしょうか。心は目に見えません。そこで、心が反映される指標を集めます。指標には、行動指標（反応時間、視線反応、質問紙、面接など）や生理指標（脳電位・血流、心拍、発汗など）があります。指標を集めることで、私たちの心を間接的に見ることができるのです。

発達の初期段階にある赤ちゃんの心は、どのように「見える化」できるのでしょうか。たとえば、赤ちゃんがある種の刺激を顕著に好む性質を利用した選好注視法や、一定時間連続して提示された刺激に飽きる性質を利用した馴化‐脱馴化法などがあります。選好注視法では、モニターの画面の左右にお母さんの顔と見知らぬ女性の顔を提示し、赤ちゃんがどちらの顔をより長く見るか（好きか）を調べます。馴化‐脱馴化法では、モニターに女性の顔Ａを何度か提示し、注視時間が短くなったら先ほどとは異なる女性の顔Ｂを提示します。このとき、顔Ｂに対する注視時間が長くなれば、赤ちゃんは顔Ａと顔Ｂを区別していたことになります。

さらに、近年の科学技術の発展により、人体に安全な近赤外光を利用して赤ちゃんの視線反応を記録することのできる視線計測装置や、脳血流量の変化を測定することのできる近赤外分光法（near-infrared spectroscopy：NIRS）、機能的磁気共鳴画像法（functional magnetic resonance imaging：fMRI）、脳の電気信号の変化を測定することのできる脳波計（electroencephalograph：EEG）や脳磁図（magnetoencephalography：MEG）などの脳機能計測装置が開発されました。このような計測技術の飛躍的な発展は、赤ちゃんの知覚・認知機能の発達過程の解明とその理解に大きく貢献しています。なお、ここでいう知覚は、雑多な環境の中から顔や声など特定の対象を認識するうえで欠かせない、受容した感覚情報を意味づける過程のことを指し、認知は、情報を知覚したうえで判断や解釈をする過程のことを指します。

たとえば、視線計測装置では、赤ちゃんが顔のどこの部位をどのくらいの時間見ているかを正確に調べることができます。また、NIRSを用いた研究では、新生児において、視覚、聴覚、触覚といった感覚刺激が与えられた際に、それぞれに対応した大脳皮質の局在的な活動がみられることがわかりました（Shibata et al., 2012）。さらにこの研究は、触覚刺激を受けたときに、新生児の脳活動が広い領域でみられることを示しており、この時期における触覚刺激の重要性を示唆しています。

発達研究における研究デザインについては、主に横断研究と縦断研究があります。横断研究は、同じ年代の対象者をある一時点において観察して、「生後〇ヶ月の赤ちゃんは、このような傾向があります」という研究を行う場合に用いられます。一方で、縦断研究は、同じ対象者を異なる時期に二回以上繰り返し観察することで、時系列的な発達変化を調べることができます。

6 脳と心の関係

心はどこにあるのでしょうか。現在では、心は脳の働きによって生みだされているということが明らかになりつつあります。ヒトの大脳は、四つの主要な脳溝（中心溝・外側溝・頭頂後頭溝・後頭前切痕）によって区分され、それぞれ前頭葉・側頭葉・頭頂葉・後頭葉とい

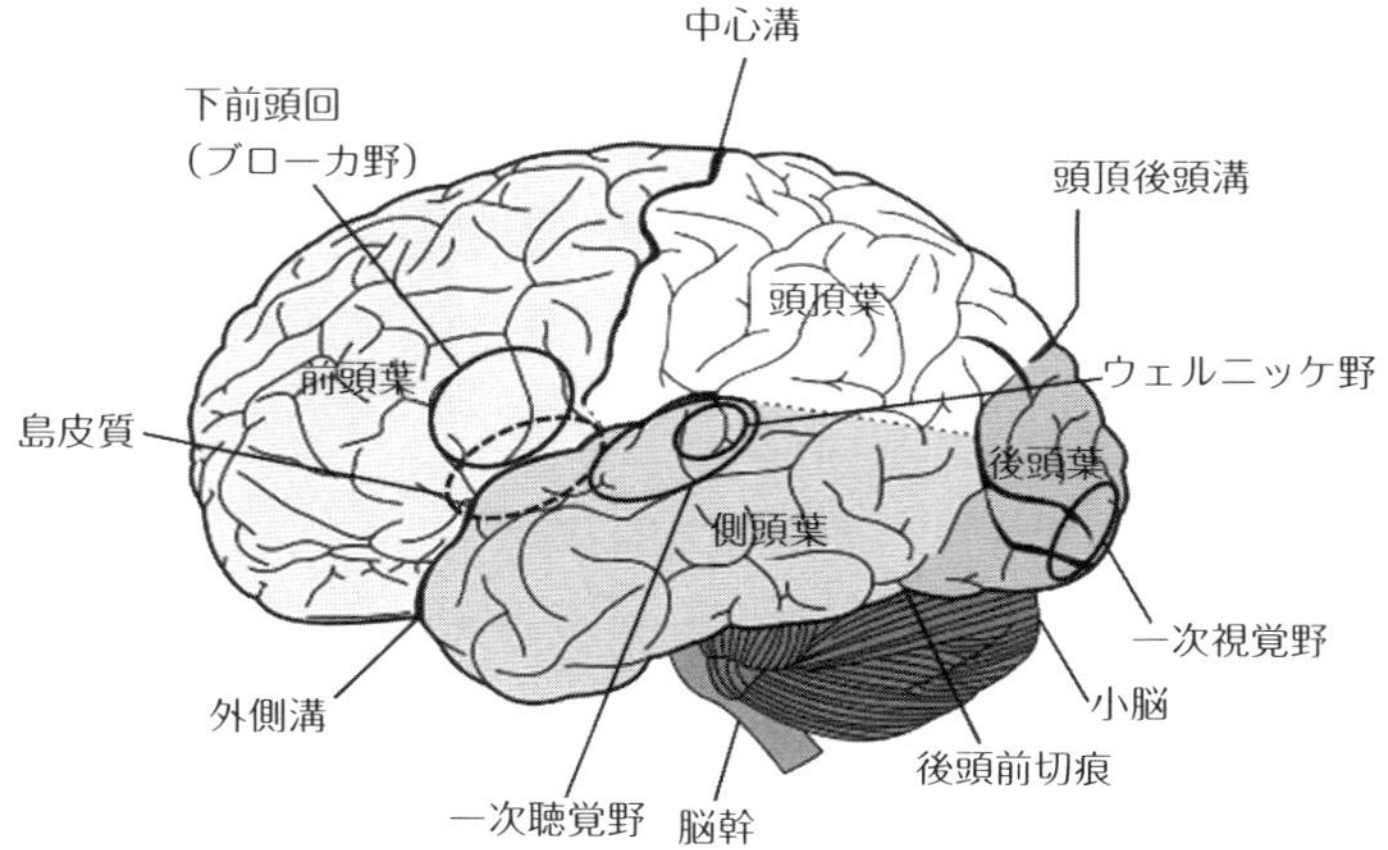

図1-2．大脳の区分（前頭葉・側頭葉・頭頂葉・後頭葉）と部位名

う名前で呼ばれています（図1-2）。脳画像計測技術の開発によって、脳の構造や電気信号、血流の反応を計測することができるようになり、心の様相が明らかになってきました。たとえば、網膜からの視覚情報は一次視覚野に情報が投影されること、ことばを話すときには下前頭回（ブローカ野）、ことばを理解するときには一次聴覚野の後部（ウェルニッケ野）が関与していることなどがわかっています。また、お腹が空いたときに感じる身体内部の感覚である内受容感覚は、島皮質と呼ばれるところで知覚されています。

　心の発達の話をする前に、もう少し脳のしくみについて述べたいと思います。脳内では、電気が流れることで情報が伝達されます。目や耳から入った外界の物理的な情報は、すべて電気信号に変換されます。電気信号は、神経細胞

(ニューロン)を通じて脳内をめぐります(図1-3)。電気信号は樹状突起で受容され、軸索という長い神経の繊維を通って、軸索終末部で次の神経細胞に情報を送ります。神経細胞同士をつなぐ部分はシナプスと呼ばれ、そこでは神経伝達物質によって情報が伝わり、次の神経細胞に電流を流す引き金になります。このようなしくみで、脳内で情報が伝わるのです。

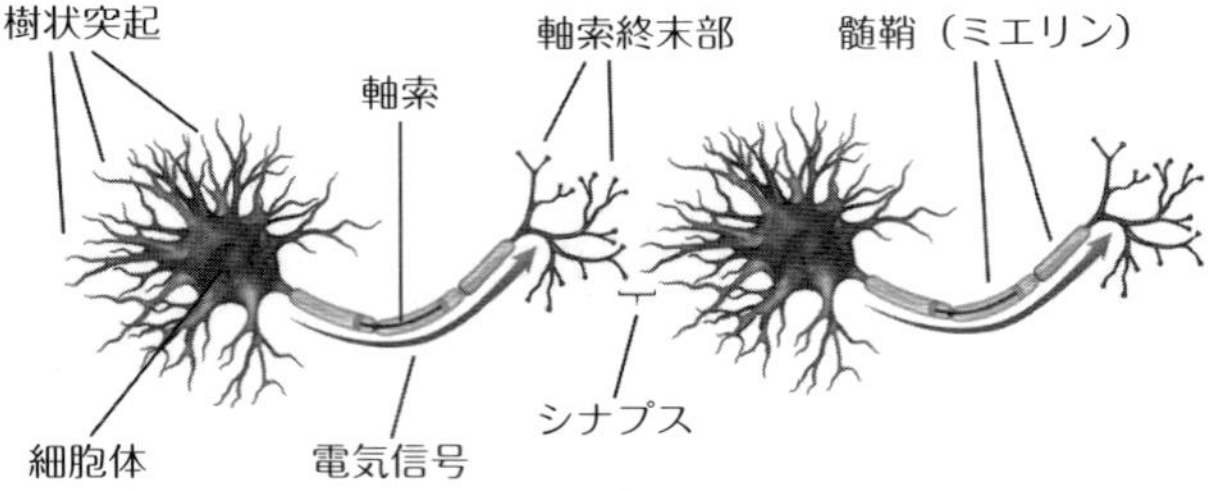

図1-3. 神経細胞の構造

シナプスの密度は、出生前後から増加しますが、その後に減少します。その理由としては、必要な情報を伝えるシナプスの結合は強化され、不要なものは除去されるためです。これを、シナプスの刈り込みと呼びます。シナプスの形成と刈り込み時期について図1-4に示します。

ハッテンロッカーは、死後脳の解剖学的な研究によって、脳形態におけるシナプスの密度を計測しました(Huttenlocher, 1990)。その結果、視覚情報を知覚処理する一次視覚野のシナプス密度は、四~八ヶ月にかけて最大となり、その後は緩やかに小さくなり、一一歳で成人と同じ密度(最大時の六〇%)になることがわかりました。一方で、思考や行動の計画などの高次機能を司る前頭前皮質では、一歳前後にシナプス密度が最大となり、そ

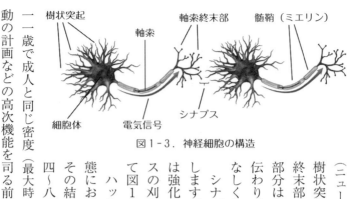

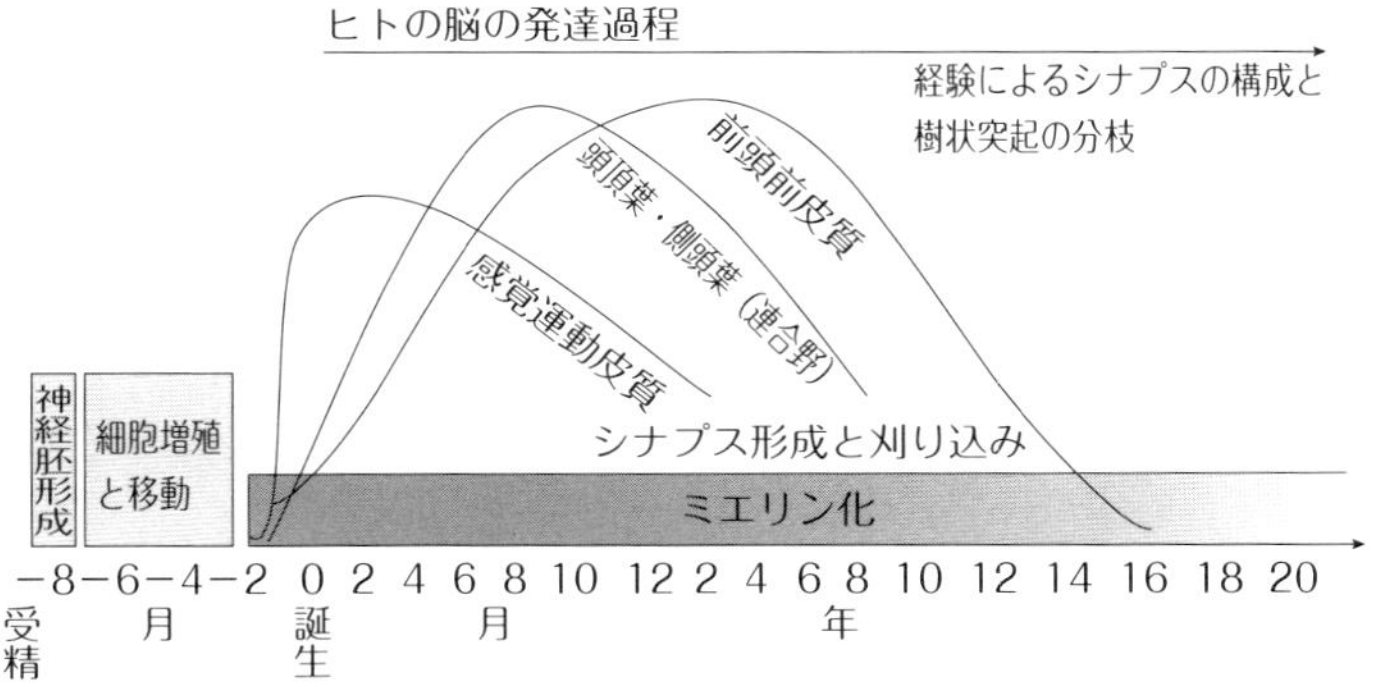

図1-4．各脳領域におけるシナプスの形成と刈り込みの時期
出所：Casey et al.（2005）を改変

の後成人と同じシナプス密度になるのは一六歳頃です（Huttenlocher, 1990）。このことから、前頭前皮質は一次視覚野に比べて発達が遅く、より時間をかけて発達すると考えられます。近年の研究では、一八～二五歳においても、依然として前頭前皮質のシナプスの刈り込みや、情報の伝導速度の上昇に関連する髄鞘化（ミエリン化）が行われている可能性があることが議論されています（Kilford et al., 2016）。髄鞘化とは、神経細胞の軸索にそれを包む覆いができることで、これによって電気信号が早く伝わります。

シナプスの刈り込みがうまくいかない場合には、脳機能に何かしらの不具合が生じる可能性が明らかになってきています。たとえば、神経発達症（発達障害）の一つである自閉症（本書第2章6節参照）の場合、定型発達者に比べて、前頭葉、後頭葉、小脳の白質（神経線維がある領域）や灰白質（神経細胞の細胞体がある領域）の容積が大きいようです（Courchesne,

2002)。これは、自閉症者においてシナプスの刈り込みが正常に行われていないことを示します。また、自閉症者では、感情の経験にかかわる扁桃体の発達が非定型的であることも数多く報告されています（Sweeten et al., 2002）。自閉症者の脳の肥大化は、二歳の時点ですでにみられており（Hazlett et al., 2011）、生後早期からの異質な脳の発達過程が、自閉症の成り立ちに関与する可能性があるのです。

ここまで、脳と心の関係をみてきました。次章以降では、ヒトらしい心がどのように発達するのかを考えていきたいと思います。2章では社会性の成り立ち、3章ではことばの発達についてみていきます。

第2章　社会性の成り立ち

1 社会性と脳

2章では、私たちが日常生活を営むうえで欠かせないヒトの社会性についてみてみましょう。社会性とは、集団をつくって生活しようとするヒトの根本的な性質です。ヒトは、身体に比べて大きな脳をもちます。この背景を説明する考えとして、社会脳仮説（social brain hypothesis）があります（Dunbar, 1998）。

社会脳仮説は、霊長類の大脳新皮質（ヒトらしい理性にかかわる脳）の大きさに着目しています。ダンバーは、ヒトを含む霊長類が、顔を合わせてやりとりをする安定した社会的関係の個体数（ダンバー数）と、霊長類の大脳新皮質の大きさとの関連を検討しました。その結果、ヒトは、大脳新皮質の体積が霊長類の中でもっとも大きく、およそ一五〇名と社会的関係を築くことが明らかになりました（図2-1）。つまり、集団で生活をしている私たちは、系統発生（種の進化の過程）の中でより大きな脳をもつようになり、私たちの脳は社会的環境に適応するために進化してきたのです。また、ダンバーは認知機能の観点から、ヒトを特徴づける要素として、他者の意図や心的状態を推測する能力、言語の使用をあげています。私たちは、進化の過程で獲得したこれらの認知能力を駆使して、他者とかかわり、現在の文化や複雑な社会的環境を築き上げてきたのです。

近年、脳計測技術の発展にともない、社会性にかかわる認知機能（社会的認知）の神経基盤、つまり社会脳の全容が明らかになりつつあります。たとえば、他者の顔の情報を処理する紡錘状回、音声情報を処理する上側頭溝、感情の経験にかかわる扁桃体、共感にかかわる前皮質や前部帯状皮質、心の理論（第2章6節参照）にかかわる内側前頭皮質、側頭極や側頭頭頂接合部などがあります（Kennedy & Adolphs, 2012：図2-2）。心の理論に関連する三つの領域は、総称してメンタライジングシステムとも呼ばれています。メンタライジングとは、自分自身や他人の心について考えるための能力で、コミュニケーションに欠かせません。私たちが、他者とのコミュニケーションを円滑に行ううえで重要となる社会的認知や社会脳は、いつ、どのように発達するのでしょうか。

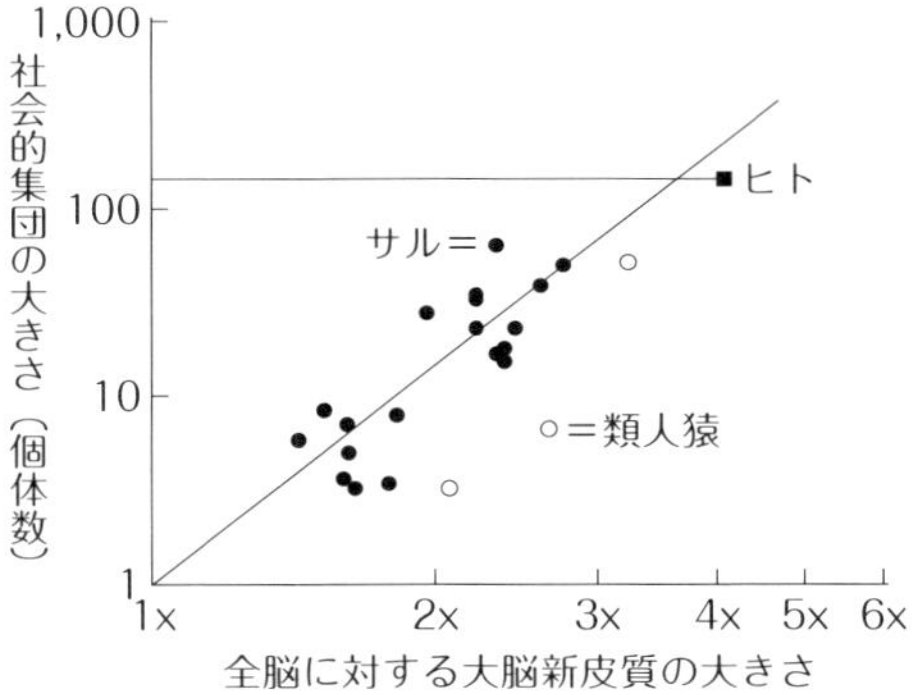

図2-1．大脳新皮質の大きさ（x 軸）と社会的集団の大きさ（y 軸）の関係

出所：Dunbar（1998）を改変

2　社会性にかかわる認知の発達

社会的認知とは、何でしょうか。社会的認知には、他者の顔や声などの社会的刺激の知覚、模倣、心の理論、自己認識などがあります（Adolphs,

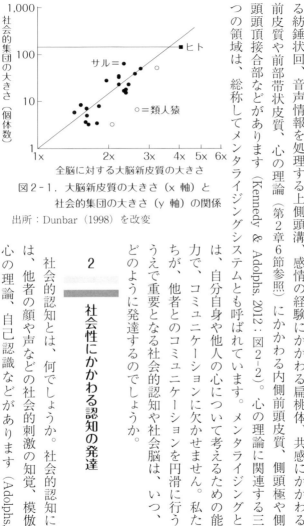

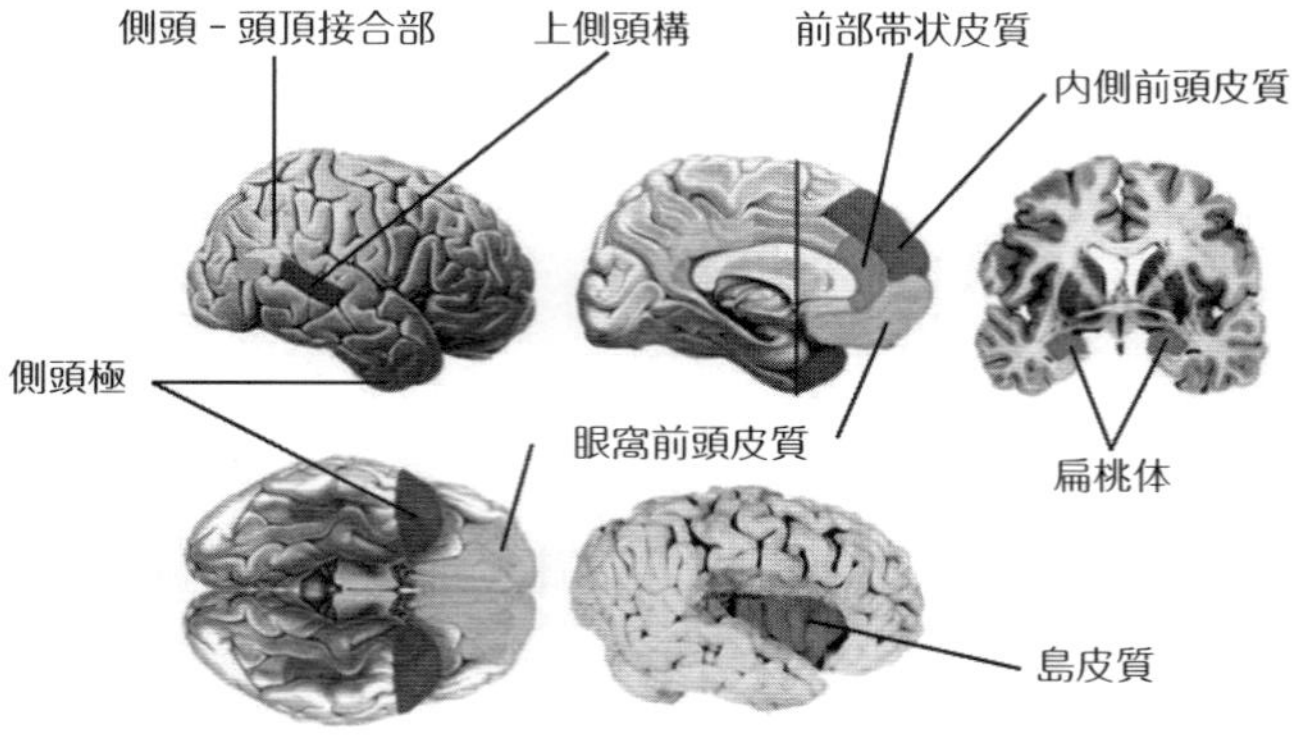

図２－２．社会脳
出所：Kennedy & Adolphs（2012）を改変

2003）。

近年提唱された社会的認知発達の理論として、ナチュラル・ペダゴジーがあります（Csibra & Gergely, 2009, 2011）。ナチュラル・ペダゴジーを直訳すると、「自然教育学」でしょうか。ナチュラル・ペダゴジーは、生後すぐに養育者から赤ちゃんに行われる教示行動が、コミュニケーションの中で自然に行われることから名付けられました。これにより、幼い被教示者（赤ちゃん）は、教示者（養育者）から効率的に知識を獲得します。

教示者から被教示者への効率的な知識の伝達は、どのようになされるのでしょうか。たとえば、モノの名前を教えようとするとき、養育者は赤ちゃんに対して顕示的シグナル（ostensive signal）を送ります。顕示的シグナルとは、養育者が赤ちゃんに対して行うアイコンタクトや対乳児発話（第3章7節参照）などを指します。赤ちゃんは顕示的シグナルを知覚すると、これから学習が始まることを予期します。このため、顕示的シグナルは赤ちゃんの学習を促進すると考えられるのです。実際に、アイコンタクトや対乳児発話などの顕示的シグナルがない場合に比べて、ある場合に赤ちゃんは他者の視線方向をより高い頻度で追います（Senju & Csibra, 2008）。また、赤ちゃんに対して事前に手を振る動作をすると、その後に他者が見た物体の学習が促されるようです（Hirai & Kanakogi, 2019）。顕示的シグナルは、情報が豊富に存在する環境の中で、赤ちゃんがどの情報を選択的に学習するべきかを明確にする役割を果たしているのです。

ナチュラル・ペダゴジーの理論から、顕示的シグナルに対する感受性が、赤ちゃんの学習において非常に重要であると考えられます。チブラとゲルゲリーは、このような教育のしくみが、系統発生の中で進化適応の結果として獲得されたヒトに特異的なものであり、あらゆる文化に普遍的に存在するとしています。

次に、顕示的シグナルへの感受性がどのように発達するのかについてみていきましょう。顕示的シグナルへの感受性は、外界の社会的刺激の知覚処理が基盤となります。その萌芽は、胎児期から始まっているようです。妊娠三八週前後の胎児は、見知らぬ女性の声に比べて、お母さんの声を聴取しているときに心拍を上昇させます（Kisilevsky et al., 2003）。この結果は、胎児がすでに、お母さんの声と見知らぬ女性の声を区別して知覚していることを示しています。胎児は、お母さんの声を胎内で聴取しているために、聞きなれたお母さんの声に対して特別な反応を示すと考えられます。外部の情報を受容する私たちの感覚器は、たとえば触覚などの皮膚感覚は在胎一一週、嗅覚や味覚は在胎二四週、聴覚は在胎二〇～二七週、視覚は在胎二八週くらいに機能しはじめます。

新生児では、人の声や顔に対して選好を示すことが明らかとなっています。たとえば、声の認識は、母語の音韻体系の獲得や話者の同定において重要な情報です。生後一～四日の新生児は、純音を合成して作成した人工音よりも、人の声という社会的刺激を選好します（Vouloumanos & Werker, 2007）。また、顔は個人の識別や、相手の感情を推測する手がかりとなる重要な社会的刺激です。生まれて間もない新生児は、目と口が顔らしい配置パターンになっている刺激（正立顔）を、配置がごちゃ混ぜの刺激に比べてより長く注視します（Johnson et al., 1991）。同様に、新生児は正立顔を、上下で一八〇度回転させた倒立顔と区別して選好します（Farroni et al., 2005）。このように、顔などの刺激を上下逆さまに倒立させることで、当該刺激に対する知覚処理が困難になる現象を倒立効果と呼びます。倒立効果は、点の動きで生物らしい動きを模したバイオロジカルモーション（生物学的運動：図2-3）の知覚においても、新生児期から確認されています（Simion et al., 2008）。バイオロジカルモーションを倒立させると、足が地面についていないような、重力関係がおかしい刺激になります。新生児は、自身の重力の経験からバイオロジカルモーションを知覚することができるようです。

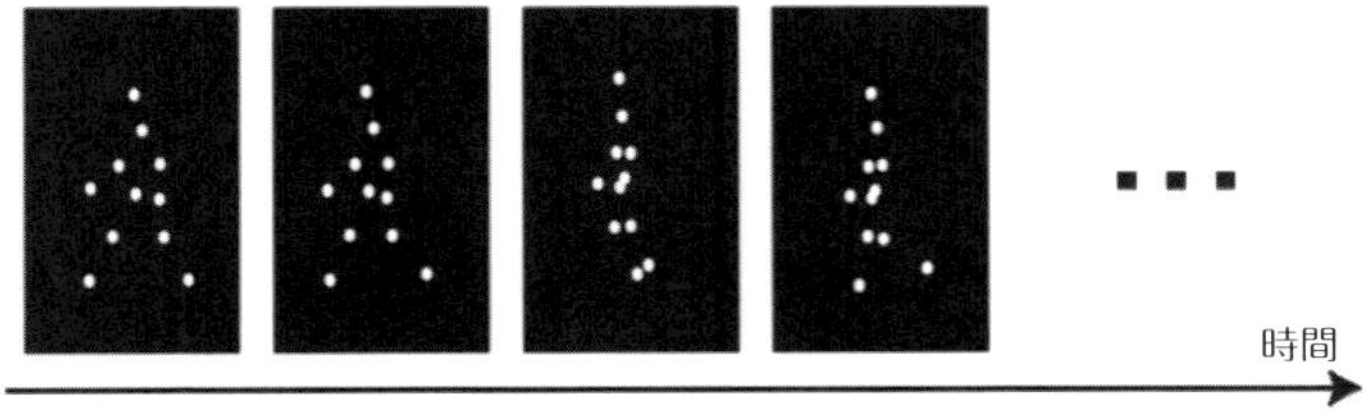

図２－３．歩行しているバイオロジカルモーションの例
出所：平井（2011）

新生児が顔らしい刺激を選好する理由としては、輝度（明るさの度合い）の明暗のコントラストを知覚しているためであると考えられています。たとえば、新生児は顔が黒い目のときには選好を示しますが、白い目のときには選好を示しません（Farroni et al., 2005：図２-４）。つまり、新生児は顔の配置パターンのみでなく、目の色の黒さに反応します。このことは、新生児が「黒い目をもつのが人の顔」というような知識を有し、コミュニケーションの相手として顔を知覚している可能性を示唆しています。この仮説は未だに議論の余地がありますが、新生児が目を閉じている顔よりも、目を開けている顔を好むことや（Batki et al., 2000）、目を逸らしている顔よりも、直視している顔を好むこと（Farroni et al., 2002）から支持されます。

「目は心の窓」ともいわれますが、私たちは他者の視線から多くの情報を得ています。見つめ合いや微笑み合いなど、赤ちゃんと大人の二者間でやりとりをする関係性を二項関係と呼びます。二～四ヶ月児は、他者の視線方向を手がかりに、モノに注意を向けるようになります。しかし、この時期の視線追従は不安定です。

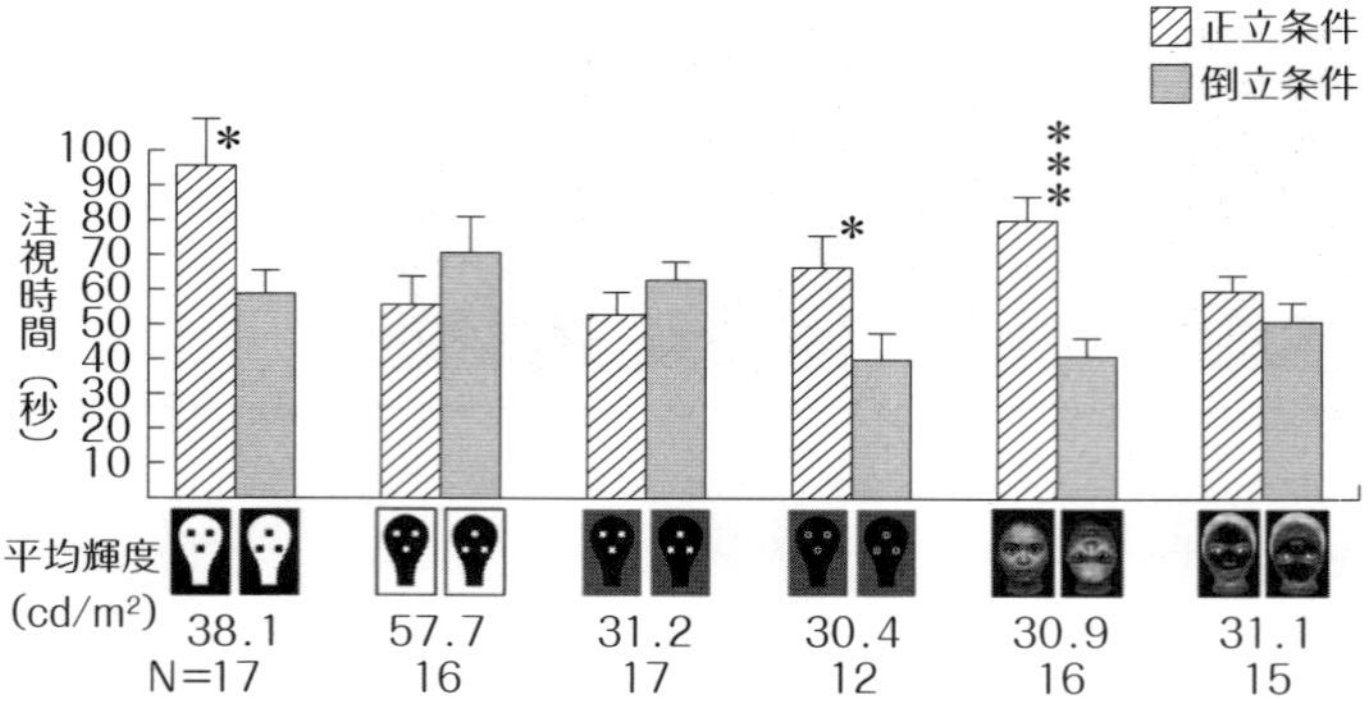

図2-4．新生児の顔らしい刺激に対する選好

注：***p<.001，*p<.05

出所：Farroni et al.（2005）を改変

六～八ヶ月児になると、安定した視線追従が観察されます（Gredebäck et al., 2010）。九ヶ月児になると、モノを含む三項関係によるコミュニケーションの関係性が構築されます（Tomasello, 1995：図2-5）。トマセロは、三項関係が生後九ヶ月頃に生じることから、この時期の変化を「九ヶ月革命」と呼びました。この頃に、赤ちゃんは他者の意図に接続して、物事や出来事を他者と共有することができるようになります。他者と注意を共有する能力は、共同注意（joint attention）と呼ばれ、コミュニケーションやことばの発達の基盤であると考えられています。

マンディーは、共同注意を二種類に分けました（Mundy & Newell, 2007）。一つ目は、生後六ヶ月からみられる、他者の指さしや視線方向の追従による応答型共同注意です。二つ目は、生後九ヶ月からみられる、自分が注意を向けた対象を、アイコンタクトや指さし、手渡しで自ら他者と共有する始発型共同注意です。この二つの共同注意によって、赤ちゃんは大人と物事や出来事を共有します。

街中で知らない誰かと目が合うと、「見られている」という感覚を味わうのではないでしょうか。赤ちゃんもアイコンタクトをすると、ある種の意図を知覚します。たとえば、五ヶ月児を対象とした研究では、赤ちゃんから視線が逸れた顔よりも、赤ちゃんと視線が合っている顔を見たときに、内側前頭皮質（図2-2）という脳の部位が強く活動します（Grossman et al., 2010）。内側前頭皮質は、メンタライジング（第2章1節参照）という能力とかかわります。他者の意図の気づきにかかわる内側前頭皮質が生後半年の時期に働いているという事実は、驚くべきものです。さらに、六ヶ月児では、他人の名前に比べて、自分の名前を呼ばれたときに内側前頭皮質が強く活動します。加えて、この脳領域の活動は、知らない女性ではなく、お母さんに自分の名前を呼ばれたときに最も大きくなります（Imafuku et al., 2014）。

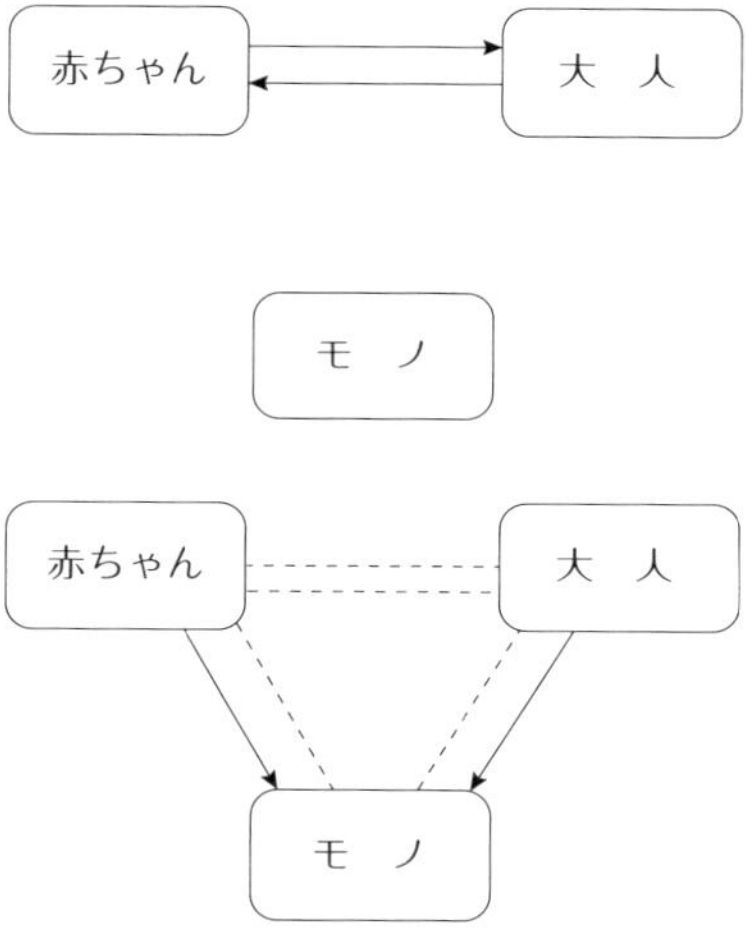

図2-5．二項関係（上）と三項関係（下）の概念図

出所：Tomasello（1995）を改変

3 相手を模倣することの発達

他者の身体運動を真似することを、模倣と呼びます。大人が発した音声を真似するのも、その一つの例です。模倣には、文化学習的側面である知識の獲得と、社会情緒的側面である個体間の親密性の促進という二つの機能があります。模倣は、世代を超えた文化の伝播に欠かせないもので、私たちが社会生活を行ううえで必須のスキルの獲得を可能にする社会的認知能力です（Over & Carpenter, 2012）。

驚くべきことに、生まれたばかりの新生児は、他者の表情や手の動きを真似します。先述した新生児模倣です。メルツォフとムーアは、大人が舌を突きだす、口を開ける、唇を突きだす、指を動かす様子を新生児に見せた際に、新生児が大人の行為と一致した行為を再現することを示しました（Meltzoff & Moore, 1977：図2-6）。新生児期からの模倣が注目されてきたのも、模倣が社会的認知やことばの発達の基盤となる現象であると考えられているためです（Suddendorf et al., 2013）。

では、新生児模倣はなぜ起こるのでしょうか。その理由の一つとして、彼らはアクティブインターモダルマッピング（active intermodal mapping：AIM）という生得的なメカニズムを想定しています（Meltzoff & Moore, 1997）。ＡＩＭ理論によると、人間は生まれながらにして観察した他者の動きを、自己の運動表象（イメージ）に照合する機構をもつそうです。ただし、新生児模倣の一つである舌だし反応は、大人の表情でなくとも、光を提示すると舌をだすことから、新生児模倣は反射（特定の感覚刺激に対する意識されない定型的な反応）か探索行動の一種であるとする報告や（Jones, 1996）、新生児模倣は生じないのではないかという研究もあります（Oostenbroek et al., 2016）。また、新生児模倣は、生後二ヶ月以降に一旦消失し、六ヶ月に模倣が再びみられるようになるという報告もあります（Fontaine, 1984）。これらの研究は、新生児模倣のメカニズムを議論するうえでも重要です。

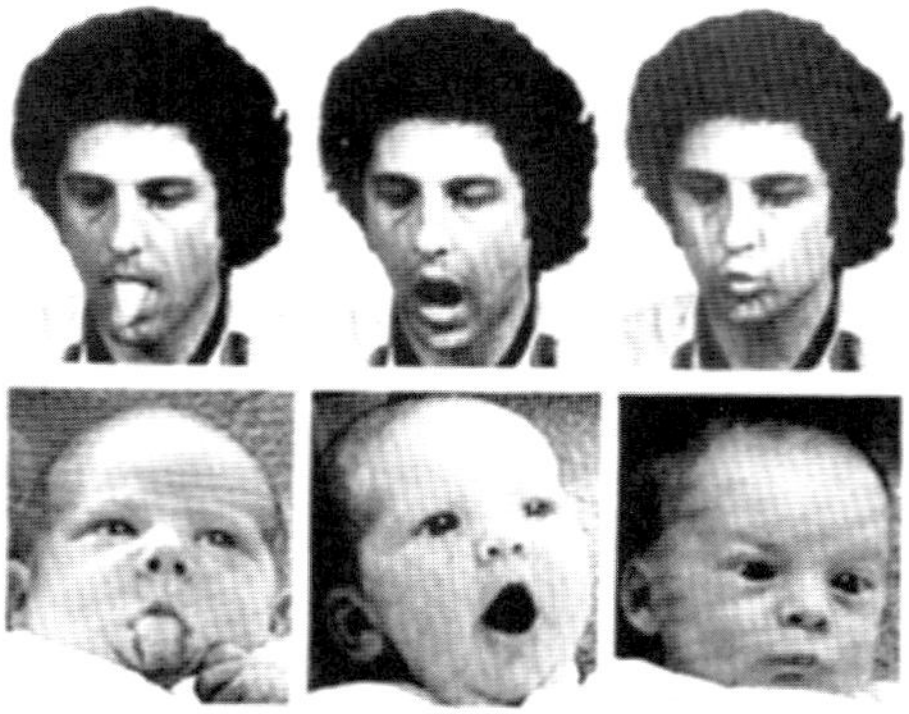

図２-６．新生児模倣

注：上段は大人による行為の提示。下段は新生児の模倣反応。左から舌だし，口開け，唇の突きだし

出所：Meltzoff & Moore（1977）

新生児模倣は、チンパンジー（Myowa-Yamakoshi et al., 2004）やアカゲザル（Ferrari et al., 2006）においても報告されています。アカゲザルを対象に、新生児模倣をしているときの脳活動を記録した研究があります（Ferrari et al., 2012）。その結果、アカゲザルが舌だしなどの顔動作を見ているときと、真似しているときに、脳波

における五～六ヘルツの帯域で脳活動が抑制されることがわかりました。これは、アカゲザルにおいて、他者の運動を自己の運動表象（イメージ）に一致させる働きを担うミラーニューロン（第2章6節参照）が、新生児の時点で機能している証拠です。

次に、乳幼児期の模倣の発達過程について概観します。六～二〇ヶ月児を対象に、複数の行為について模倣の発達が調べられています（Jones, 2007）。その結果、行為の種類によって模倣の出現時期が異なることがわかりました。たとえば、テーブルを手でたたく動作の模倣は六ヶ月児で、大人が発する音声「あ」に対する音声の模倣は八ヶ月児で、拍手の模倣は一〇ヶ月児で、手を自分の頭の上にのせる動作の模倣は一六ヶ月児でみられました。この知見は、自身の運動発達にともない、赤ちゃんが模倣のレパートリーを拡張させることを示しています。

バーらは六、一二、一八、二四ヶ月児を対象に、延滞模倣（動作の観察から一定時間の後にみられる模倣）の課題を用いて、動作系列の記憶・学習について調査を行いました（Barr et al., 1996）。まず、参加児はデモンストレーション（ＤＥ）群とコントロール（ＣＯ）群に分けられました。ＤＥ群は実験者が参加児に3ステップの一連の動作（①人形の手から手袋を外す、②手袋を振る、③手袋を人形の手に戻す）を実演しました。一方で、ＣＯ群に対しては動作の実演は行われず、実験者が参加児に人形を三回振ってみせました。二四時間後、参加児に人形を渡してＤＥ群とＣＯ群の模倣スコア（3ステップの動作の中で模倣した動作の数）

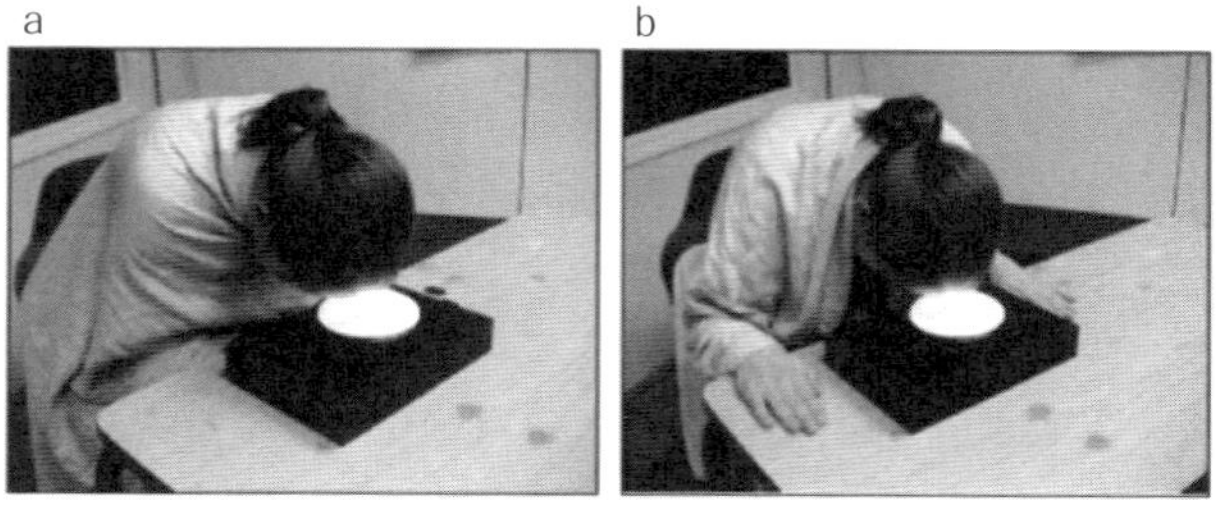

図２-７．(a)手先が使えない合理的条件
(b)手先が使える非合理的条件
出所：Gergely et al.（2002）

を比較しました。その結果、ＣＯ群では動作はほとんど再現されませんでしたが、ＤＥ群では一二ヶ月児で一つ、一八、二四ヶ月児で二つの動作を模倣することがわかりました。この研究から、複数のステップを含む動作の記憶・学習は、生後一歳半以降により精緻なものになると考えられます。

また、赤ちゃんの模倣は、単に観察した行為を再現するだけではないようです。ゲルゲリーらは、毛布を被っていて手先が使えない状態の大人が頭で卓上のライトを点けている様子（合理的な条件：図2-7(a)）と、手先が使える状態の大人が頭で卓上のライトを点けている様子（非合理的な条件：図2-7(b)）を、一四ヶ月児に見せて、その後にどのようにライトを点けるかを調べました（Gergely et al., 2002）。その結果、手先が使える大人がわざわざ頭でライトを点ける様子を見た場合、大半の一四ヶ月児が大人と同じように頭でライトを点けました。一方で、手先が使えない大人が頭でライトを点ける様子を見た場合には、大半の一四ヶ月児は頭ではなく手でライトを点けました。これは、一四ヶ月児が他者の状況を推論し、行為の意図を考慮して模倣を行っていることを示します。

また、一四ヶ月児は、模倣をする対象者を選んでいるようです。たとえば、自分と異なることばを話す非母語話者に比べて、同じことばを話す母語話者の行為をより多く模倣します（Buttelmann et al., 2013）。これは、ことばが自分の集団への所属意識に関係することを示唆します。また、靴の履き方を知らない知識のない人に比べて、靴の履き方を知っている知識のある行為者から模倣をします（Zmyj et al., 2010）。このように、生後一四ヶ月という幼い児でも、相手がどのような人かを見極めているのです。

4 感情の発達

おいしいごはんを食べたとき、友達に誕生日をお祝いされたとき、楽しみだった野外でのイベントが雨で中止になったとき、あなたはどのような気持ちになるでしょうか。おそらく、嬉しい、悲しいなどの感情を経験すると思います。

感情は、喜怒哀楽などの主観的な気持ちのことを指します。エクマンは、文化普遍的に認識できる喜び、驚き、恐れ、悲しみ、怒り、嫌悪の六つの感情を発見し、これを基本感情と呼びました。感情は情動の主観的側面（「今、嬉しいと感じている」というように、情動をことばで認識すること）です。情動は、ある特定の行為へと私たちを駆り立てる一過性の生理反応で、厳密には感情と区別されます。

感情はどのように発達するのでしょうか。ブリッジスの理論によると、誕生したばかりの時点では、感情は未分化な状態であり、興奮のみが存在します（Bridges, 1932：図２-８）。その後、生後三ヶ月にかけて、快と不快に分化します。快は対象に手をのばすなどの接近行動にあらわれ、不快は対象から遠ざかる回避行動にあらわれます。生後三ヶ月以降、感情は

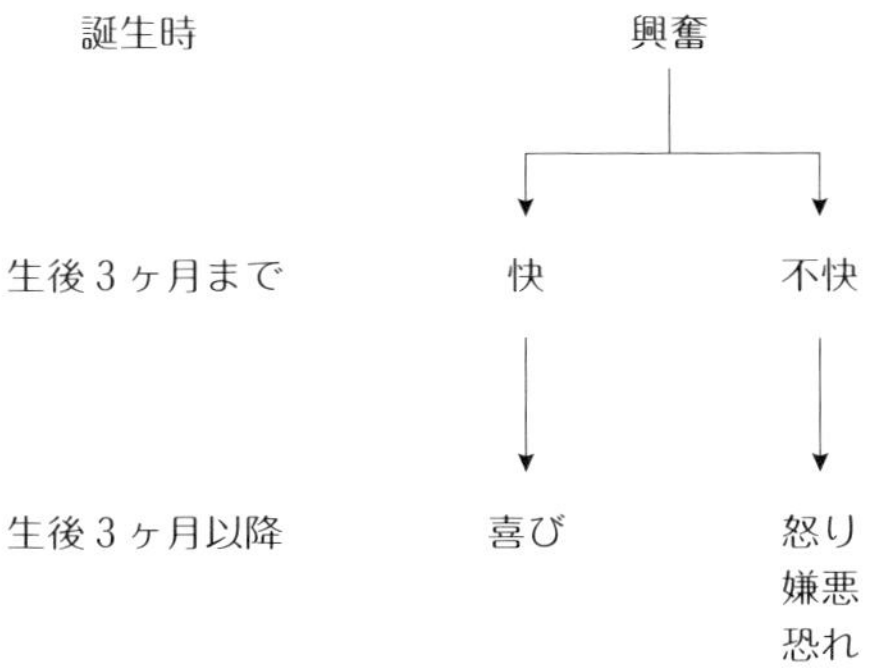

図２-８．赤ちゃんの感情の分化と発達
出所：Bridges（1932）を改変

喜びや怒りなどの基本感情（第１章２節参照）に分化していきます。生後一八ヶ月には、比較的複雑な感情である照れ、恥、罪悪感、誇りなどが出現します。これらの感情は、自己意識（自分の身体や感情、思考に対する意識）の発達とかかわります。

新生児微笑という現象があります。これは、生まれたばかりの赤ちゃんが寝ているときなどに反射的に口角が引かれて、あたかも笑っているように見えるものです。生後三ヶ月になると、他者に対して笑顔を向ける社会的微笑が見られるようになります。この頃から、自分が笑顔を向けると相手も笑顔を向けてくれること

を学習し、相手の笑顔を報酬として感じるようになると考えられます。

感情理解の発達を調べるために、見知らぬ人の喜んでいる顔と悲しい顔を左右に並べて提示し、喜んでいる音声、もしくは悲しい音声のどちらかを同時に流し、赤ちゃんがどちらの顔を長く見るかについて実験が行われました。赤ちゃんは、視覚と聴覚の情報が一致しているときに、視覚刺激を長く注視する性質があります。その結果、七ヶ月児は音声の感情に一致した表情を長く見ることがわかりました（Walker, 1982）。もし、お母さんの表情と音声であれば、三・五ヶ月でその一致性を検出できるようです（Kahana-Kalman & Walker-Andrews, 2001）。感情を理解する能力は、身近な他者とのかかわりを通して徐々に発達するのかもしれません。四歳までには「この顔は喜んでいる」など、表情を言語でラベル化できるようになります（Widen & Russell, 2008）。

感情があることにどのようなメリットがあるのでしょうか。まず、感情は子どもの生存を高める役割があります。赤ちゃんは感情を表出することで、養育者に自身の状態を知らせ、養育行動を引きだすことができるのです。赤ちゃんは一歳になると、周りにいる養育者の表情を手がかりに行動することがあります。これを社会的参照と呼びます。見慣れない環境は、不安を生じさせるものです。そのような状況において養育者が笑顔でいると、赤ちゃんは環境が安全であることを認識して、歩みを進めます。また、感情は記憶・学習にも影響を及ぼします。日常の出来事について、感情を喚起した程度を六年間記録した研究では、感情が強く喚起された出来事ほど記憶に残りやすいことが示されています（Wagennaar, 1986）。

5　感情は身体に根差す

感情はどのようなしくみで生じるのでしょうか。感情は、身体と密接にかかわっています。ウィリアム・ジェームズは、「身体状態の知覚なしに、感情の経験をすることはない」ということばを残しています（James, 1884）。私たちは身体内部の変化を感じとることで、感情を意識するのです。

身体外部の視覚や聴覚などの感覚情報を、外受容感覚と呼びます。一方、身体内部の感覚は、内受容感覚です。内受容感覚は、内臓の働きを知覚することにかかわり、空腹、体温、心拍、血糖レベルなどの身体状態を認識するうえで重要です。たとえば、空腹による胃の収縮や、風邪による体温の上昇に気づくことができなければ、命を脅かすこともあるでしょう。内受容感覚と感情に共通する脳内機構としては、島皮質（図２-２）が知られています。

アレキシサイミア（失感情症）ということばを聞いたことがあるでしょうか。アレキシサイミアは、自分や他人の感情状態に気づき、感情を言語化することが困難である特性で、人口のおよそ一〇％がこの傾向をもつとされています（Sifneos, 1973）。アレキシサイミアは、トロント・アレキシサイミア尺度（TAS-20）の二〇項目によって評価されます（Bagby et al., 1994)。この質問紙では、①感情を識別することの困難さ、②感情を他者に伝達することの困難さ、③外面性志向の思考、の三つのカテゴリーがあります。外面性志向の思考は、結果を志向する傾向のことで、たとえば人の気持ちよりも出来事の事実（お金がもらえるなど）に執着することなどを指します。

感情経験と内受容感覚の関連を調べた研究では、アレキシサイミア傾向の高い人ほど、内受容感覚に鈍感であることがわかりました（Shah et al., 2016）。つまり、内受容感覚に鈍感であるほど、自分の感情に気づいたり、感情を相手に伝えることがむずかしいのです。たしかに、激しく感情が揺さぶられたときには、心臓の鼓動が早くなるものです。このように、感情は身体に根差しているようです。

内受容感覚が敏感か鈍感かは、どのように測定されるのでしょうか。成人を対象とした研究では、心拍カウント課題が用いられています（Schandry, 1981）。この課題では、参加者は心拍の拍動の回数を、手で脈をとるなどの手がかりなしに数えます。実際の心拍数と、参加者が数えた心拍数の隔たりから、心拍を正確に数えることができたかを判定します。数えた心拍数が正確であるほど、内受容感覚に敏感であるという評価がなされます。

では、意識的に数を数えることができない赤ちゃんでは、内受容感覚の評価はできるのでしょうか。五ヶ月児を対象とした研究では、心拍の拍動のタイミングに同期して動く図形と、非同期して（ずれて）動く図形に対する注視時間から、赤ちゃんの内受容感覚が測定されま

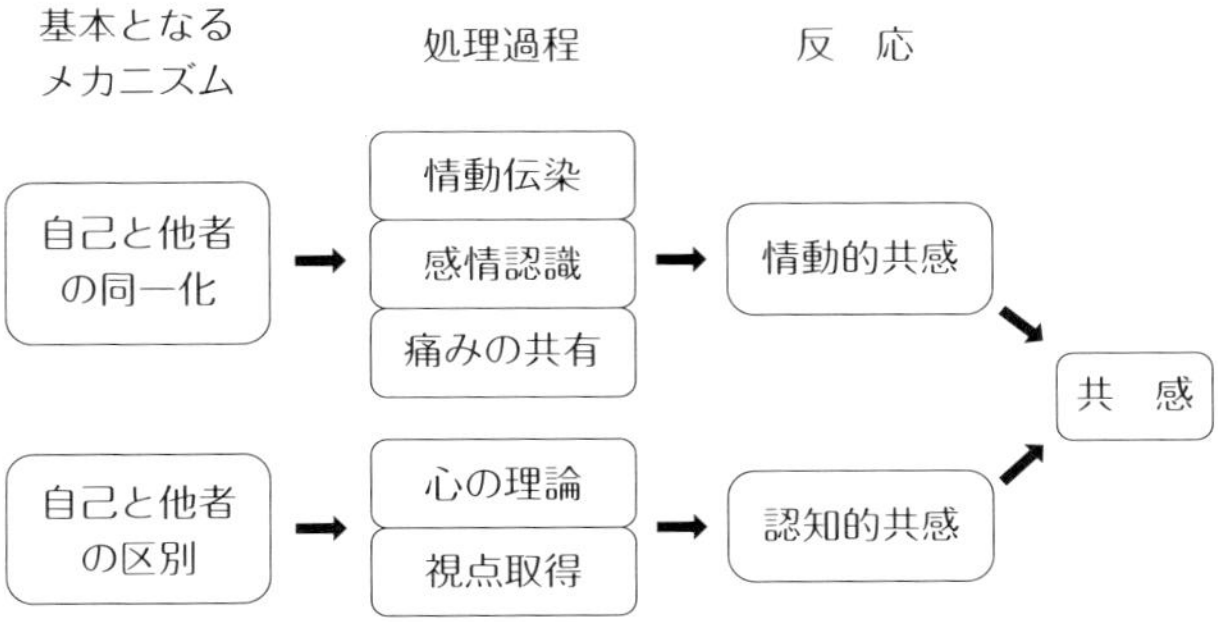

図２－９．共感のメカニズム

出所：Shamay-Tsoory（2011）を改変

した（Maister et al, 2017）。その結果、赤ちゃんは心拍の拍動に同期して動く図形に比べて、ずれて動く図形をより長い時間みつめることがわかりました。これは、赤ちゃんが内受容感覚を知覚しているために、二つの図形を区別していると考えられます。内受容感覚は、発達初期から存在しているのです。だから、赤ちゃんはお腹が空くと泣いたり、愛情を感じたりすることができるのです。

6　共感する心

共感のしくみ

共感は、他者の情動に対して適切な情動反応を示すことです（Hoffman, 2000）。脳神経科学の観点から、共感は二つの種類があるという見方があります（図２-９）。

一つ目は、情動的共感（emotional empathy）で、相手が感じていることを自分も感じることで、他者と情動状態を共有する能力です。二つ目は、認知的共感（cognitive empathy）で、他者の視点に立って、相手の心的状態を理解する能力です。どちらの共感能力にも個人差があるとされています。

情動的共感

情動的共感は、新生児期からその萌芽がみられます。たとえば、赤ちゃんが泣くと、近くにいるほかの赤ちゃんもつられて泣いてしまいます。これは、泣きの伝染と呼ばれています。また、私たちは相手の笑顔を見ると自然と口角があがったり、相手の怒った顔を見ると眉間にしわが寄ったりします。これは表情伝染と呼ばれ、他者の運動（表情の動き）を脳内でシミュレーションすることで自動的に起こるとされています。

表情伝染にかかわる脳内のしくみはどのようなものでしょうか。近年の研究から、ミラーニューロンシステムが表情伝染や模倣の脳内基盤である可能性が明らかになりつつあります。リゾラッティらはマカクザルのF５野という脳のある部分（ヒトの下前頭回に対応する脳領域）で、自分の運動を行ったときと、他人の運動を観察したときとで、同じように活動する神経細胞を発見しました（Rizzolatti & Luppino, 2001）。この神経細胞は、他者の行為を理解するためのものでミラーニューロンと呼ばれています。ヒトでは、運動情報の入力にかかわる上側頭溝や、運動の目標を符号化する下頭頂葉、自分と他人の運動の照合や運動の実行にかかわる下前頭回（ブローカ野）などの脳部位が関与することが指摘されています。この脳内ネットワークを、総称してミラーニューロンシステムと呼びます（Iacoboni & Dapretto, 2006：図２-10）。

ミラーニューロンシステムはすべての運動に一様に反応するのではなく、特定の運動に対して応答します。たとえば、バレエとカポエラという異なる種類のダンスの映像を観察しているときの脳活動を計測すると、バレエを専門とするダンサーは、カポエラよりもバレエを見ているときの方が、カポエラを専門とするダンサーでは、バレエよりもカポエラを見ているときの方が、ミラーニューロンシステムの活動が強くなります（Calvo-Merino et al., 2006）。つまり、自分のレパートリーにある運動を観察しているときに、ミラーニューロンシステムは強く活動します。模倣が上手くなるためには、自分の運動を熟達させていくことも重要なのです。

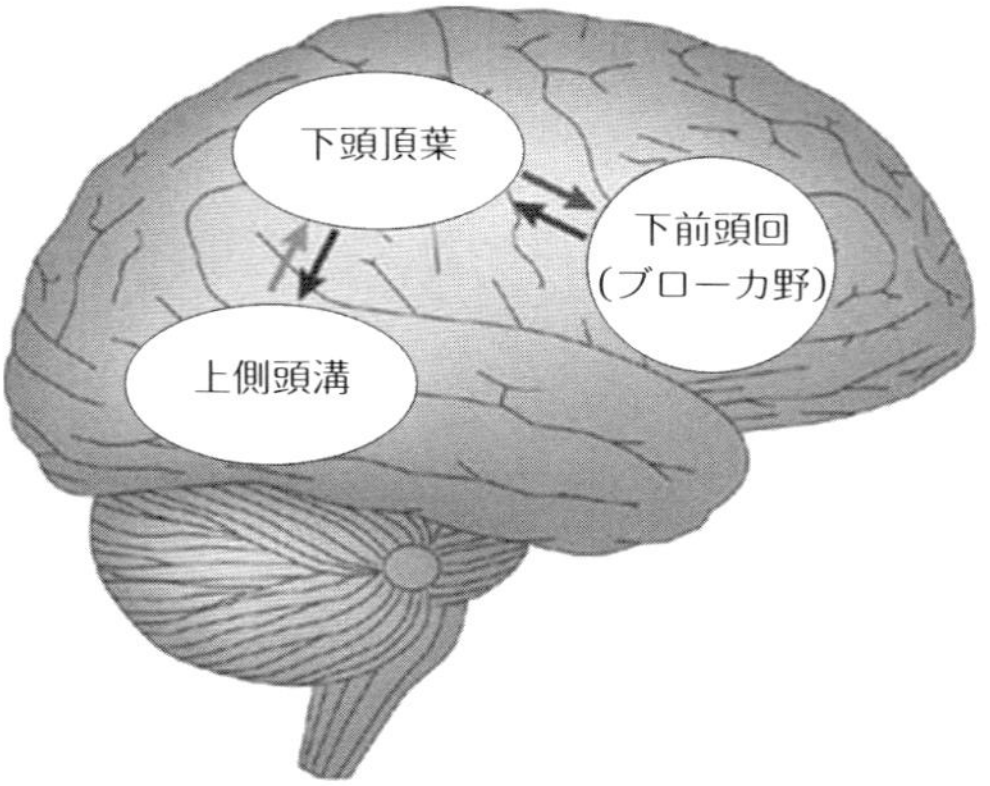

図２-10．ミラーニューロンシステムにかかわる３つの脳領域

出所：Iacoboni & Dapretto（2006）を改変

一〇歳児を対象とした研究では、他者の表情を観察したときと、表情を模倣したときの双方で、ミラーニューロンシステムが活動することがわかりました。さらに、そのときの下前頭回の活動が大きかった子どもほど、共感能力が高かったそうです（Pfeifer et al., 2009）。この結果は、子どもの感情認識や表情伝染に、ミラーニューロンシステムが関与している可能性を示しています。

表情伝染は、赤ちゃんにもみられます。四〜五ヶ月児を対象に、映像を観察しているときの顔面の筋電図を計測した研究が行われました（Isomura & Nakano, 2016）。赤ちゃんは、泣いている赤ちゃんの映像を見たときには、眉間にある皺眉筋の活動を高め、笑っている赤ちゃんの映像を見たときには、頬にある大頬骨筋の活動を高めます。つまり、生後半年前の赤ちゃんでさえ、相手の表情を観察すると、その表情に対応した自分の表情筋が反応するのです。このような機能が生後早期から備えられていることは、他者との円滑なコミュニケーションに大変有益です。

次に、痛みの共有についてみていきます。他人の痛みを観察すると、自分が痛みを体験しているような脳の反応が起こります。シンガーらは、男女のカップル一六組を対象に、自分が痛みを経験する場合と、自分のパートナーが同じ痛みを受けているところを観察する場合とで、どのような脳活動がみられるかを調べました（Singer et al., 2004）。すると、どちらの場合においても、身体的痛みの処理にかかわる前部島皮質や前部帯状皮質（図2-2）が強く活動することがわかりました。このことは、自分が痛みを受けていなくても、他者の痛みを自分のことのように感じる、いわゆる自他を同一化するシステムが私たちに備わっていることを示します。

赤ちゃんと養育者のコミュニケーションにおいては、養育者が笑うと赤ちゃんも笑うなど、表情を介したやりとりが日々行われています。発達初期からみられる情動的共感は、このような社会的相互作用（二者間以上でのやりとり）を通じて発達していくと考えられます。

認知的共感

次は、認知的共感についてです。認知的共感は、自分と他人の状態が異なっていても、相手の立場（視点）に立てる能力ともいえます。心の理論は、その代表例です。心の理論は、自分や他者の行動に対して、その背後に心の働きを帰属する能力です。心の理論の能力を測定するものとして、誤信念課題（他人が自分とは異なる信念をもつことの理解を問う課題）があります。

誤信念課題の一つであるサリー・アン課題には、サリーとアンという二人の女の子が登場します（図２-11）。彼女たちは同じ部屋で遊んでいます。サリーはビー玉をかごの中に入れて部屋をでて行き、その後にアンがビー玉を別の箱に移します。サリーが部屋に戻り、物語は終了します。ここで参加者には、「サリーはビー玉を取りだして遊ぼうとしていますが、

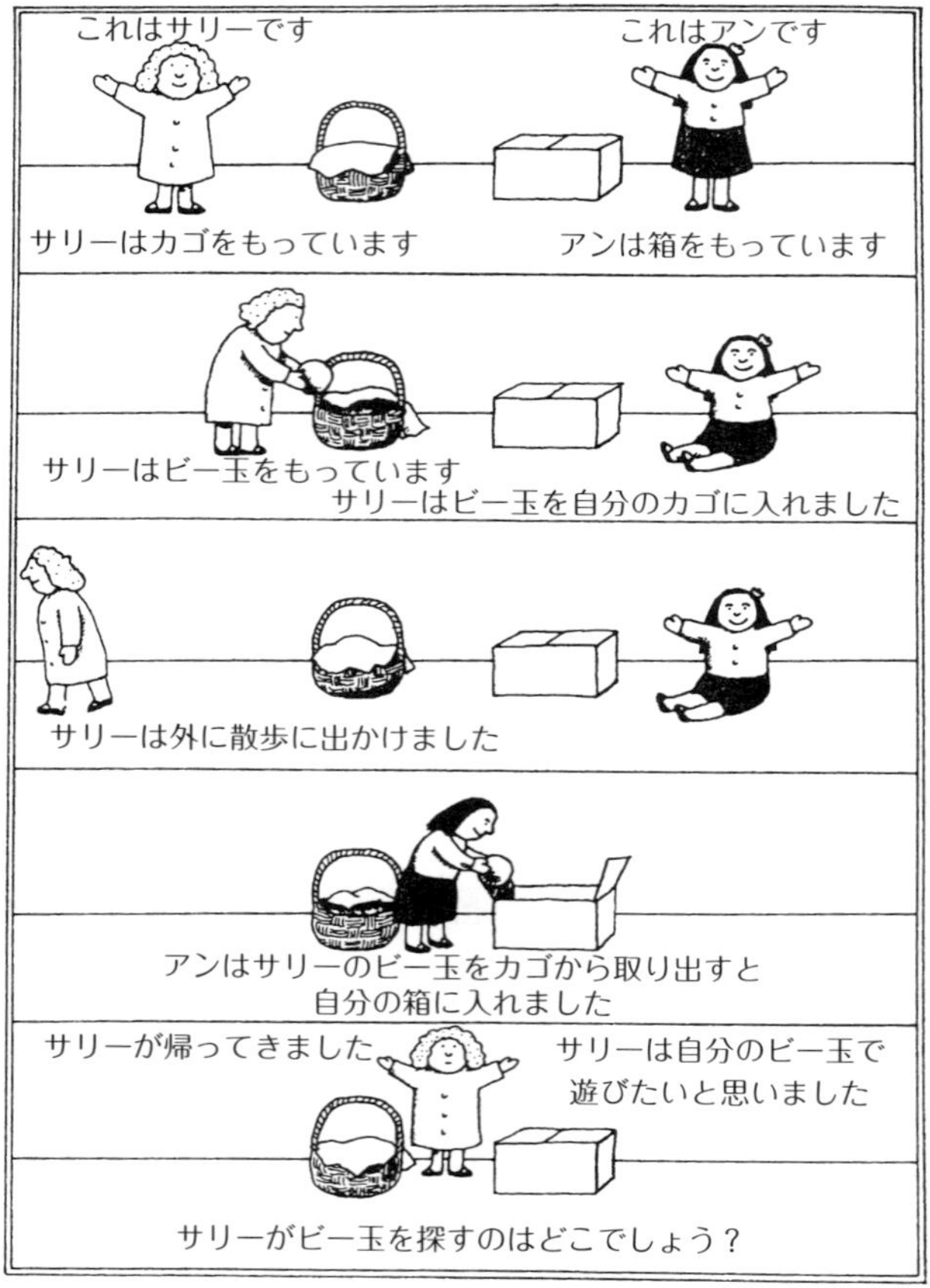

図２-11．サリー・アン課題

出所：Frith（1989）を改変

どちらを探すと思いますか？」と尋ねます。この課題の正解は「かごの中」ですが、心の理論が発達していない場合には、サリーの心的状態を推測することがむずかしく、「箱」と答えます。サリー・アン課題は、四～五歳でおよそ五〇％、六～七歳でおよそ九〇％の子どもが通過します（Wimmer & Perner, 1983）。

心の理論の萌芽は、生後一五ヶ月でみられるようです。オオニシらは一五ヶ月児にいくつかの場面を見せて、そのときの注視時間を測定し、非言語的に心の理論の存在を確かめました（Onishi & Baillargeon, 2005）。その結果、演者の知らないあいだに箱Aから箱Bにモノが移動したにもかかわらず、演者はあたかもモノの移動を知っているかのようにふるまう場面で、一五ヶ月児の注視時間が長くなりました。これは、言語を自由自在に話すことがむずかしい一五ヶ月児が、演者の心的状態を理解している一つの証拠です。

誤信念課題のほかにも、子どもが相手の欲求や考えを理解しているかどうかを問う課題があります。異なる欲求（Diverse Desires）課題では、自分と異なる欲求を相手がもつことの理解を問います。この課題では、物語を読みあげて、登場人物について子どもに尋ねます。たとえば、子どもに、野菜とお菓子のどちらか好きな方を選んでもらい、登場人物は子どもが選んだものとは異なる方が好きだと告げます。その後、おやつの時間にその人物がどちらを選ぶかを子どもに聞きます。このとき、子どもが自分の欲求とは違う相手の欲求を答えることができるかが問われます。異なる欲求課題は、生後一八ヶ月以降にできるようになります。また、異なる信念（Diverse Beliefs）課題では、自分と異なる信念を相手がもつことの理解を問います。たとえば、登場人物の犬が屋根と庭のどちらかに隠れているということを子どもに告げ、子どもにどちらを探すか聞いた後に、登場人物はそれとは反対の場所に犬が隠れていると思っていることを伝えます。そして、登場人物がどの場所を探すかが問われます。異なる信念課題は、三歳には通過します（Bartsch & Wellman, 1989）。

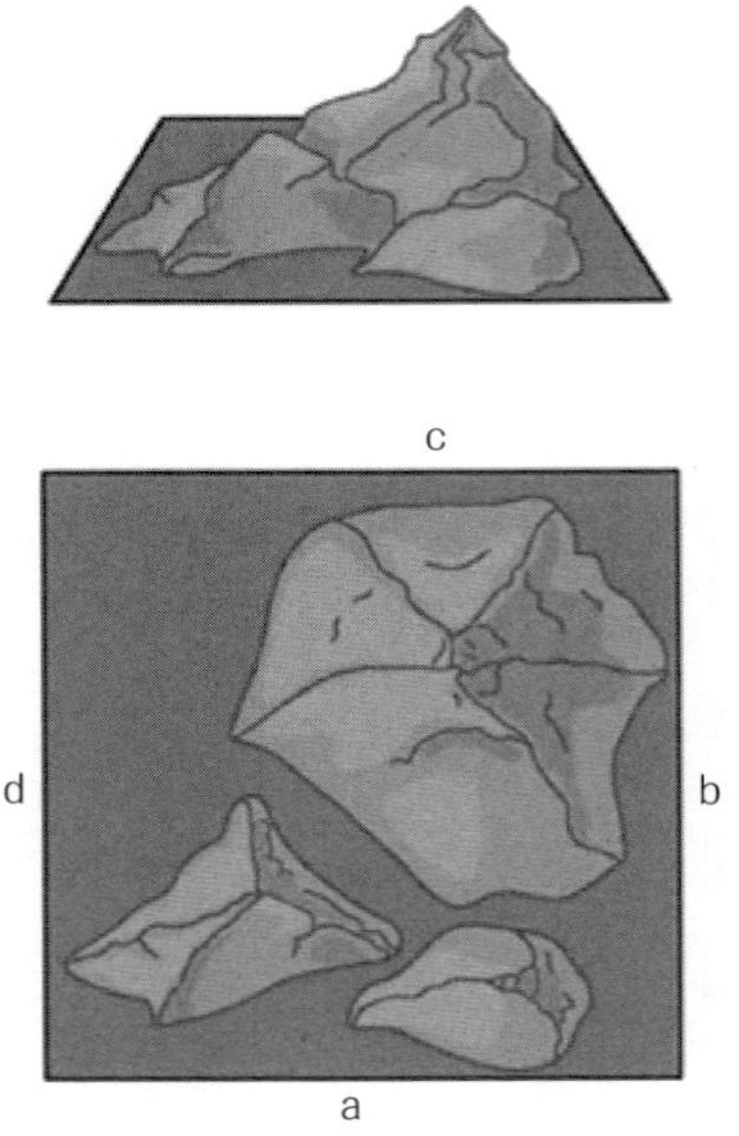

図2-12. 三つ山課題
出所：Piaget & Inhelder (1956) を改変

視点取得の課題としては、発達心理学の父とも呼ばれたピアジェの三つ山課題が有名です（Piaget & Inhelder, 1956：図2-12）。この課題では、たとえば、図2-12中のaの場所にいる子どもに、「cの場所にいるお友達から山はどのように見えるかな?」と尋ねます。三つの山を目の前にした子どもが、自分が見ている情景と他者が見ている情景について、区別して回答することができるかを問います。ピアジェは三つ山課題の結果から、子どもは七歳以降に他者の視点に立てるようになるとしています。それ以前の年齢では、自分の視点に固執する傾向（自己中心性）が強いために、三つ山課題を通過することができないのです。

その後、視点取得には、より低年齢の幼児期にも発達段階があり、相手が何を見ているかを理解するレベル1の段階と、相手がどのように見ているかを理解するレベル2の段階という、二つのレベルがあることが報告されました（Flavell, 1974）。レベル1では、実験者から見えているおもちゃと遮蔽されて見えていないおもちゃがあり、どちらのおもちゃも見えている参加者が、実験者の視点から見えているおもちゃを回答できるかが問われます。レベル2では、自分とは違う視点の相手からどのようにおもちゃが見えているかを回答します。前者の課題は二歳児で通過し（Moll & Tomasello, 2006）、後者の課題は三歳児で通過します（Moll & Meltzoff, 2011）。このように、相手の心的状態や立場を考えて行われる認知的共感は、生後一年以降にゆっくりと発達するのです。

7　他人のために行動する

ヒトの利他性

私たちは、募金やボランティアをしたり、落とし物を届けたり、見ず知らずの他人を助けようとします。このように、自らはコストを払い、他人が利益を得るように行動する利他性

(a)　　(b)

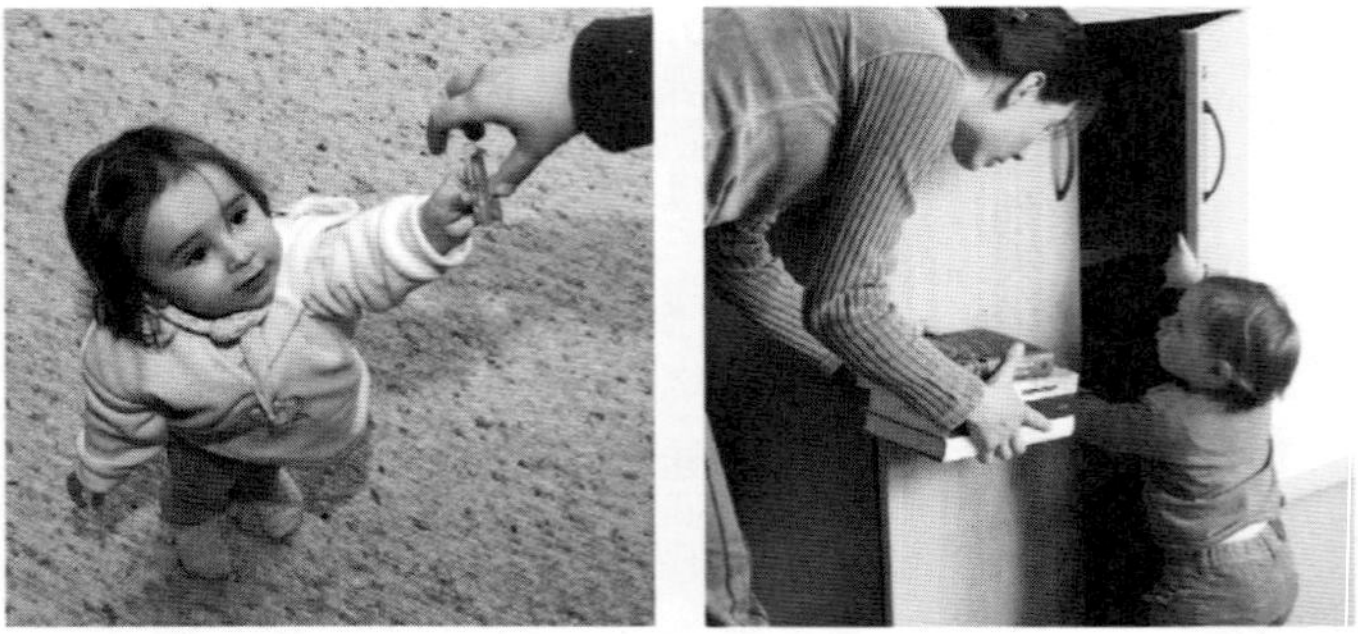

図2-13. (a)「手が届かない」課題，(b)「身体的に支障がある」課題
出所：Warneken & Tomasello (2009)

（altruism）は、いつ、どのように発達するのでしょうか。

トマセロらの研究グループは、ヒトの一八ヶ月児と三～四歳のチンパンジーを対象に、困っている人を助ける課題をいくつか行いました（Warneken & Tomasello, 2006）。たとえば、演者が物を床に落として、手をのばして拾おうとしているときに、物を拾ってくれるかどうかを評価する「手が届かない」課題（図2-13(a)）や、演者が本を持って手がふさがっているために棚を開けることができない場面で、本棚を開けてくれるかどうかを評価する「身体的に支障がある」課題（図2-13(b)）などがありました。これらの課題を達成するには、相手の行為目標や意図を理解する能力、助けるという利他的な動機づけ（モチベーション）が必要になります。

研究の結果、ヒトとチンパンジーともに「手が届かない」課題を達成することができました。一方で、

「身体的に支障がある」課題では、ヒトの幼児のみが達成し、チンパンジーは達成できませんでした。前者は後者の課題に比べて、手を物の方向にのばしているために、理解がしやすかったと考えられます。ヒトはことばをしっかりと理解して話すことができない時期から、相手の意図を読み取り、助ける行動をするのです。

このように、ご褒美などの外的な報酬を期待することなく他者を助け、役立とうとする行動を向社会行動（prosocial behavior）と呼びます。向社会行動には、他者の行為の目的や意図を認識し、助ける援助行動（helping）、自己と他者の不平等を認識して、相手が望む物質的要求にこたえる分配行動（sharing）、文脈に応じて他者の心的状態を推測して、ネガティブな感情状態を和らげようとする慰め行動（comforting）があります。

向社会行動の発達

赤ちゃんや子どもの向社会行動は、どのような課題で測定されるのでしょうか。援助行動については、先述した「手が届かない」課題や「身体的に支障がある」課題が用いられます。分配行動は、対象児がお菓子やシールを沢山持っている場面で、目の前にいる相手に自分のお菓子やシールを分けてくれるかどうかによって評価されます。慰め行動では、相手のおもちゃが壊れてしまった場面や、相手が目の前でテーブルに足をぶつけて痛がっている場面で、対象児が相手を気にかけたり慰めたりするかどうかを評価します。この三つの向社会行動はそれぞれ発達する時期が異なり、援助行動は生後一四ヶ月、分配行動は生後一八ヶ月、慰め行動は生後二四ヶ月で出現するといわれています（Brownell et al., 2009；Dunfield et al., 2011；Warneken & Tomasello, 2007）。

向社会行動の萌芽はいつからみられるのでしょうか。ハムリンらは、生後六ヶ月と一〇ヶ月の赤ちゃんが、図形が相互作用している場面を観察して、その行動の善悪を評価できることを示しています（Hamlin et el., 2007）。この研究では、まず坂道をのぼろうとしている図形がでてきます。しかし、図形はなかなか坂道を登れません。ここから二種類の映像に分かれます。一つ目の映像では、図形を後ろから押して、坂道をのぼるのを助ける図形が登場します（図2-14(a)）。二つ目の映像では、図形を坂の上から押し戻して、妨害する図形が登場します（図2-14(b)）。その後、赤ちゃんの目の前に、助ける図形と妨害する図形を置きます。すると、一〇ヶ月児の一六名中一四名、および六ヶ月児の一二名中一二名の赤ちゃんが、助ける図形に手をのばしました。この結果は、赤ちゃんが援助者と妨害者を区別していること、つまり、行動の善悪を評価していることを示します。さらに、いじめられている図形といじめている図形を観察したときには、一〇ヶ月児はいじめられている図形に対して同情的な態度をとる可能性も示唆されています（Kanakogi et al., 2013）。

向社会行動をするためには、共感の能力が必要であると考えられています（Decety et al., 2016）。たとえば、足を机にぶつけて痛がっている相手を慰めるには、相手の「痛い」とい

(a)　(b)

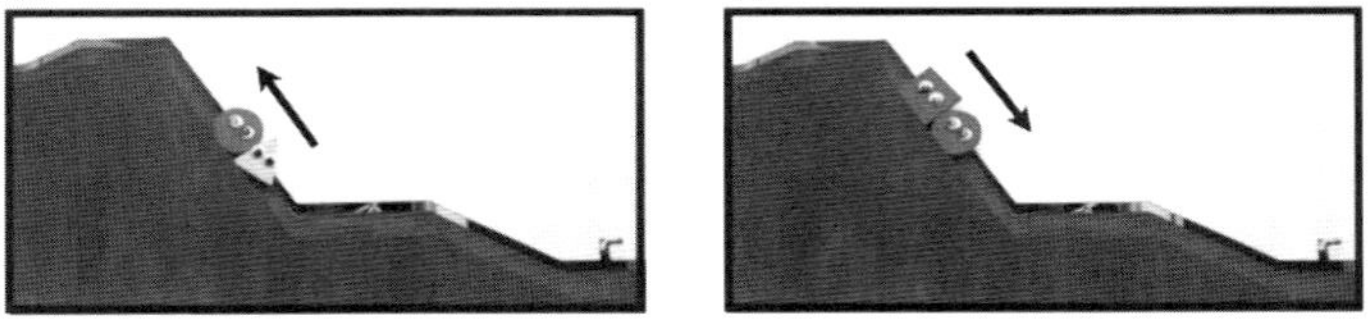

図２-14．(a)○を助ける援助者△，(b)○を邪魔する妨害者□

う感情を認識し、相手の視点に立つ必要があります。しかし、共感と向社会行動がそれぞれどのように関連するかについては、未だに実証されていないため、今後検証されるべき課題です。

向社会行動の発達を支える要因

それでは、どのような働きかけが子どもの向社会行動を促すのでしょうか。養育者の子どもに対する声かけは、共感の発達に寄与しますが、向社会行動にも有効であるようです（Brownell et al., 2013）。養育者が子どもに絵本の読み聞かせをするときに、「この男の子は幸せだよ」「この女の子はどのような気持ちかな？」など、登場人物の感情について言及をすることがあります。生後一八ヶ月と二四ヶ月の幼児を対象とした研究では、養育者が子どもに登場人物の感情を考えさせるような問いかけを多くするほど、その子どもは援助行動や分配行動をする傾向にありました。子どもの共感を促す養育者のかかわりが、向社会行動の発達にも重要のようです。

向社会行動の発達を考えるうえで、もう一つ興味深い現象があります。他者と動きを合わせる経験をすると、幼児は援助行動をより高い頻度でします。たとえば、一八ヶ月児は、相手から逆模倣（自分の行為と同じ行為を相手が真似すること）をされると、困っている人をより多く助けます（Carpenter et al., 2013）。一四ヶ月児では、目の前にいる相手に自分で動きを合わせるのではなく、大人が抱っこして動かしても、子どもはその相手に対して援助行動を多くしました（Cirelli et al., 2014）。

なぜ、このようなことが起こったのでしょうか。その理由については推測の域をでませんが、身体の動きを相手と合わせることで、自分と相手の関係に変化が生じた可能性があります。つまり、相手に対して「同じ集団の帰属関係である」という感覚が芽生えるのです。また、カメレオン効果として知られるように、自分の表情やしぐさ、姿勢などを相手に真似されると、相手に対してポジティブな印象を抱くようになります（Chartrand & Bargh, 1999）。このようなしくみによって、同じ動きをした相手に向社会行動をするようになったと考えられます。

この現象は、児童期においてもみられます。八～九歳の子どもが、小学校のクラスでウクレレを一週間に四〇分練習する音楽プログラムを、一〇ヶ月間続けました。その結果、音楽プログラムをはじめる前に向社会行動をする傾向が低かった子どもは、音楽プログラム後に援助行動や分配行動をよくするようになりました（Schellenberg et al., 2015）。集団でリズムに合わせて楽器を演奏することは、同じ空間を共有するクラスメイトと動きを合わせる経験になります。たとえば、リトミックのような、リズムに合わせて動く活動を保育や教育の場面で取り入れることは、運動面だけでなく社会性の発達にも有効であるかもしれません。

8　社会性と神経発達症（発達障害）

自閉スペクトラム症とは

社会性に困難さを抱えるものとして神経発達症（発達障害）があります。ここでは、相手とうまくコミュニケーションが取れないなど、人間関係に苦手さを抱える特性がみられる自閉スペクトラム症（autism spectrum disorder：以下、自閉症）についてまずはみていきます。自閉症とは、①社会的コミュニケーションの困難、②限局した興味、および常同行動、の二つの主特性によって特徴づけられる神経発達症の一つです（American Psychiatric Association, 2013）。こうした特性を理解することは、「社会性とは何か」を再考し、多様性が求められるこれからの社会を生きるうえで欠かせません。

自閉症の子どもは、乳幼児期から社会的刺激に対して特異な反応をすることが報告されています。たとえば、二歳の自閉症児は、バイオロジカルモーション（第2章2節参照）の知覚がむずかしい可能性があります（Klin et al., 2009）。また、後に自閉症と診断された一四〜四二ヶ月児は、定型発達児と比較したときに、ヨガを踊る人の動きの映像よりも幾何学図形が動いている映像を好みました（Pierce et al., 2011）。さらに、定型発達児は他者の目を注視

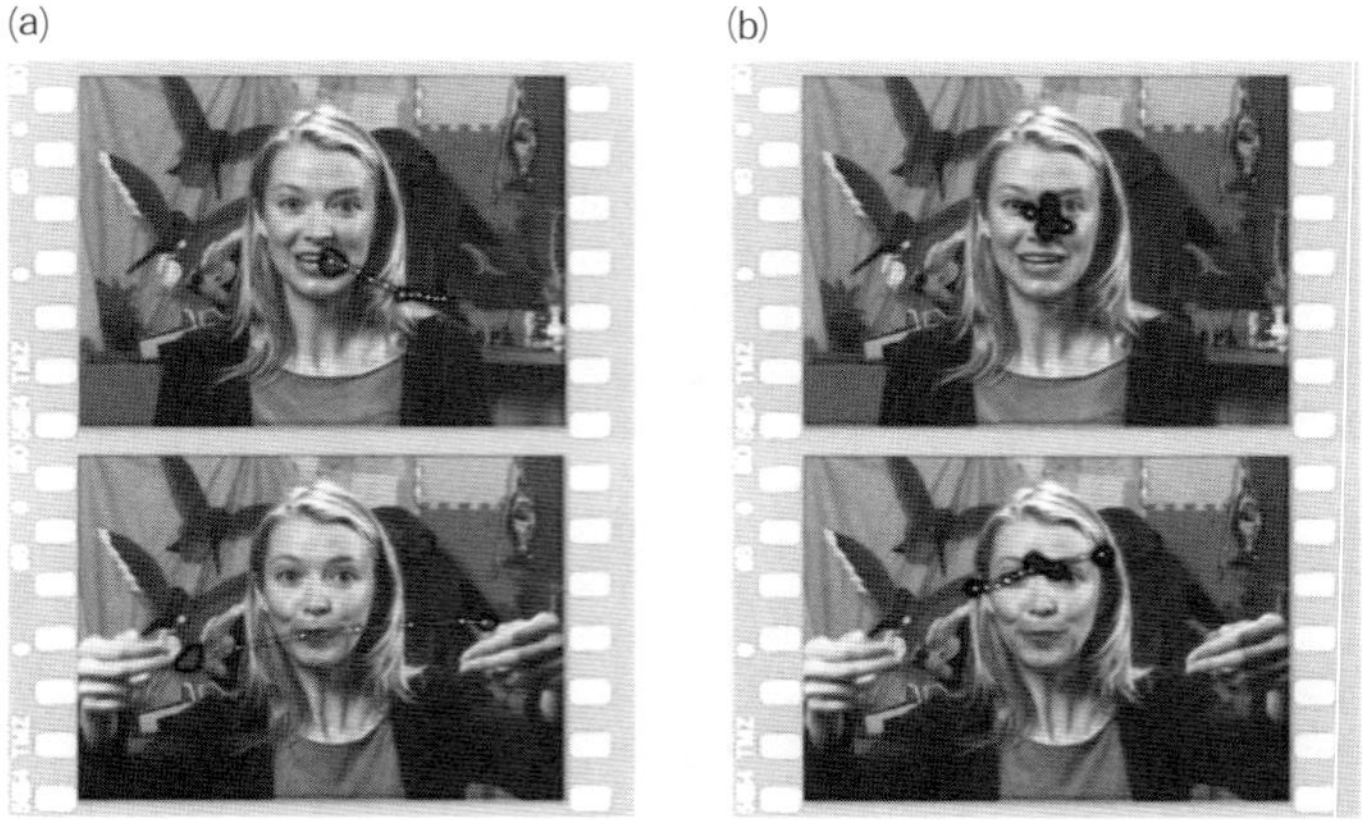

図 2-15. (a)後に自閉症の診断を受けた 6 ヶ月児の例
(b)定型発達の 6 ヶ月児の例

注：黒い部分は赤ちゃんが見ていた部分を示す
出所：Jones & Klin (2013)

する時間が生後二〜六ヶ月の間で増加するのに対して，後に自閉症の診断を受けた児では，生後二〜六ヶ月の間に目への注視時間が減少します（Jones & Klin, 2013；図 2-15）。また，自閉症児の生後一年間のホームビデオを分析した研究では，自分の名前が呼ばれたときに振り向く頻度が低かったようです（Osterling et al., 2002）。これらの知見は，自閉症児において他人の顔や声などの社会的刺激に対する注意（社会的注意）に，発達早期から特異性があることを示す実証的な証拠です。

自閉症における社会性の特異性

一部の研究者は，自閉症における社会性の特異性を社会的動機仮説（social

motivation hypothesis）によって説明しています（Chevallier et al. 2008）。この仮説によると、自閉症は社会的刺激に対する脳の報酬系回路（線条体、眼窩前頭皮質など）や情動系回路（扁桃体など）の機能が低下しているために、社会的注意が特異であるようです。社会的注意が低下すると、他者から学習する機会が減るために、対人コミュニケーションを支える社会的認知やことばの発達に負の影響をもたらすと考えられます。

　自閉症は社会的刺激に対して、どのような脳の活動を示すのでしょうか。たとえば、成人の自閉症者では、顔表情を観察したときの紡錘状回の活動が低いことがわかっています（Critchley et al. 2000；Pierce et al. 2001）。六～一〇ヶ月児を対象とした研究では、後に自閉症の診断を受けた児は、定型発達児に比べて顔を見ているときの脳反応が異なります（Elsabbagh et al. 2012）。つまり、定型発達児では、顔処理にかかわる後頭側頭領域の脳波成分（P400）において、赤ちゃんに視線を向けている顔と逸れた顔を見ているときに、反応に差異がみられたのに対して、後に自閉症の診断を受けた児では、反応の差異がみられませんでした。聴覚についても、自閉症の成人は定型発達者に比べて、音声を聞いているときの上側頭回の活動が低く特異性がみられています（Gervais et al. 2004）。これらの結果は、他者を理解し、コミュニケーションを行うために重要となる顔や声の情報処理が、自閉症と定型発達とでは異なる可能性を示しています。

　また、生後二一～五〇ヶ月の自閉症児は、生後一八～二四ヶ月の定型発達児に比べて、顔表情の模倣（たとえば、舌をだして左右に動かす）やモノを使った模倣（たとえば、車のおもちゃを裏返してたたく）の得点が低いようです。さらに、自閉症児の中でも、模倣がよくできた子ほど、後のことばや社会的認知の発達が良好でした（Rogers et al., 2003）。このことは、自閉症児は模倣が困難である一方で、模倣スキルの個人差が存在し、模倣スキルがコミュニケーション発達を左右することを示しています。

自閉症における模倣の困難さの原因はどこにあるのでしょうか。この問いに対する答えは、未だに結論がでていません。たとえば、ロジャースは模倣の実行プロセスを三つに分けて説明しようとしました（Rogers & Willams, 2006）。一つ目は感覚情報を知覚する過程、二つ目は感覚情報を自分の運動表象に移行する過程、三つ目は運動の計画や実行、修正の過程です。この三つの過程のどこに問題があるのかについては、一つの原因で説明ができない可能性もあります。今後、自閉症の模倣のしくみについてのさらなる検証が必要です。

また、自閉症では共感の特異性もみられます。情動的共感（第2章6節参照）にかかわる表情伝染については、自閉症者で表情の反応が小さい、または大きすぎるなどの報告がされてきました（Beall et al., 2008 ; Magnée et al., 2007 ; McIntosh et al., 2006 ; Yoshimura et al., 2015）。認知的共感（第2章6節参照）にかかわる心の理論については、五〇％の子どもが誤信念課題を通過する年齢が定型発達児ではおよそ四～五歳であるのに対して、自閉症児ではおよそ九歳です（Frith, 2001）。もちろん個人差はありますが、総じて、自閉症児では心の理論の発達が遅れるのです。

感情の理解や表出についてはどうでしょうか。たとえば、先述の感情の気づきや伝達が困難であるアレキシサイミア（第２章５節参照）については、自閉症者のおよそ半数近くの人が合併しています（Hill et al., 2004）。つまり、自閉症者では、自分の感情を理解したり、伝達することが苦手であると感じている人が多いようです。また、自閉症者において、アレキシサイミアの傾向が強いほど、内受容感覚に鈍感であるということも報告されています（Shah et al., 2016）。

自閉症と感覚の特異性

自閉症の当事者である綾屋紗月さんは、ご著書の中で以下のように述べられています。「私自身は身体の空腹感や体温変化をまとめあげるのに時間がかかる」「視覚にせよ、聴覚にせよ、情報ははじめ、何を表しているのかわからない単なる強い刺激として入ってくる」（綾屋・熊谷、二〇〇八）。これは、身体感覚を含む諸感覚の問題が、社会的コミュニケーションのうまくいかなさの根底にある可能性を暗示しています。

アメリカ精神医学会が作成した『精神障害の診断と統計の手引き第五版（ＤＳＭ-５）』における自閉症の診断基準には、視覚、聴覚、触覚などの感覚刺激への過敏や鈍麻が記されています。感覚刺激に対して特異に反応してしまうことは、他人とのコミュニケーションの困難さにつながる可能性があります。たとえば、カフェで目の前にいる人とうまく会話ができないのは、周囲の声が気になりすぎて、目の前の人の話に集中できないからかもしれません。このような見方をすると、社会的コミュニケーションの問題は自閉症の第一の原因ではなく、二次的に起こっていると考えることもできます。まずは個々人が感じている感覚の特性を理解することが大切なのです。

定型発達症候群という考え方

定型発達症候群をご存知でしょうか。定型発達症候群は、社会の問題に対する没頭や周囲との適合への固執を特徴としてもちます（エドモンズ・ベアドン、二〇一二）。たとえば、一人でいることが困難であったり、集団になると周囲の人と行動を合わせたり、率直なコミュニケーションが苦手で自閉症者と比べて嘘をつく頻度が多いようです。みなさんも、あてはまるものがありましたでしょうか？　実は、定型発達症候群は、自閉症者から見た定型発達者の特徴をまとめたものです。

社会的多数派（マジョリティ）の集団に属している人は、自分たちの基準が正しく、自分たちと異なる社会的少数派（マイノリティ）の人の行動は正しくないと判断しがちです。一方で、定型発達症候群の例からわかるように、マイノリティの視点からみると、マジョリティの行動は理解がむずかしいものになります。つまり、マジョリティとマイノリティのどちらが正しいという問題ではないのです。

これからの社会は、お互いが双方を理解することが求められます。多様な人材を積極的に雇用し、活用しようという考え方のことをダイバーシティといいます。今後、ダイバーシティの考えはよりいっそう社会に浸透するでしょう。

9　社会性にかかわるホルモン

近年、神経ペプチド（脳の興奮や抑制にかかわる脳内物質）であるオキシトシンの働きが注目を集めており、通称「愛情ホルモン」と呼ばれています。オキシトシンは、分娩や授乳に関与することが知られています。最近の研究では、オキシトシンは社会性に影響を及ぼすことが明らかになってきたのです（Heinrichs et al., 2009）。

オキシトシンの社会性に対する効果については、脳内のオキシトシン経路が、辺縁系（腹側被蓋領域、側坐核、扁桃体）と前頭前皮質を包含するドーパミン経路と相互作用するために生じる可能性が議論されています（Gordon et al., 2016：図2-16）。まず、視床下部傍室核には、オキシトシンの神経分泌ニューロンの細胞体があります。そこで合成されたオキシトシンは、辺縁系へ投射され、快情動の喚起に関連する中脳辺縁系のドーパミン経路を活性化させます。ドーパミンは、対人関係における動機づけを高めます。そのために、オキシトシン

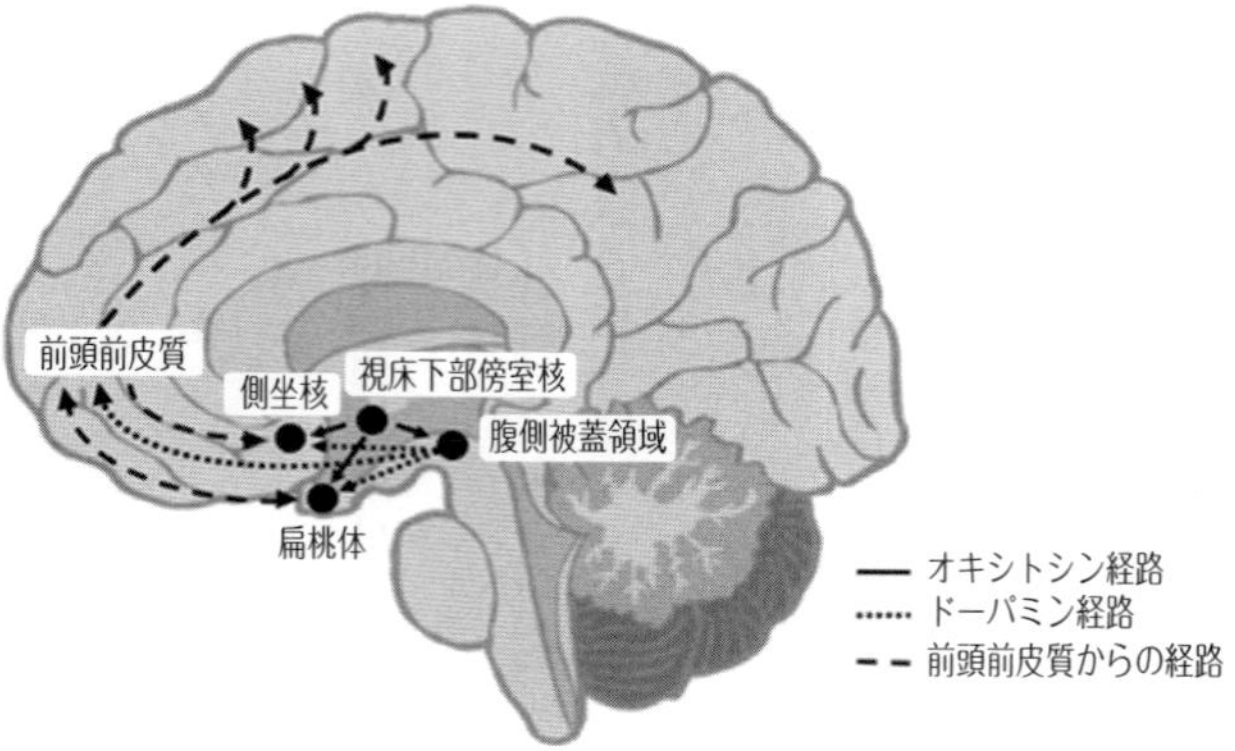

図2-16. オキシトシンに関連する3つの経路の略図
出所：Gordon et al.（2016）を改変

は、他者の顔や声などの社会的刺激の知覚を促すと考えられます。

たとえば、定型発達者や自閉症者を対象として、体外から取り入れた外因性のオキシトシンが、感情認識や共感の能力を高める可能性が示されています。自閉症者における社会的刺激に対する辺縁系の活動の特異性にも、オキシトシンの投与治療が効果的である可能性があります。ゴードンは、八～一六歳の自閉症児を対象に、オキシトシンを投与した群とプラセボ（オキシトシンの成分を含まないもの）を投与した群に分け、バイオロジカルモーション（第2章2節参照）と音声を知覚した際の脳活動を計測しました（Gordon et al., 2016）。その結果、オキシトシンを投与した群でのみ、バイオロジカルモーションを知覚したときに、アイコンタクトや人の動きを観察するときに活動する上側頭溝が強く活動するようになり、怒っている声を聞いたときに、快・不快情動の評価にかかわる扁桃体や自動的な防衛反応にかかわる脳幹（図1-2）の活動が活発になることがわかりました。

オキシトシンは、模倣にも効果的かもしれません。成人を対象とした研究によると、オキシトシンは表情伝染を促進するようです（Korb et al., 2016）。生後七〜一四日のマカクザルを対象とした研究においても、オキシトシンを投与されたマカクザルの新生児では、舌だしの模倣をより多く行うことがわかりました（Simpson et al., 2014）。

さらに、オキシトシンは母子や父子の絆を強める働きをします。四〜六ヶ月児とそのお母さん、またはお父さんが相互作用を一五分行い、その前後で両者の唾液中のオキシトシン濃度が計測されました（Feldman et al., 2010）。その結果、両者のオキシトシン濃度は、相互作用の前後で有意に上昇しました。このことは、赤ちゃんと養育者の相互作用がオキシトシンの分泌につながることを示します。

加えて、新生児期における脳脊髄液中のオキシトシン濃度が高いほど、六ヶ月児時点で他者に注意を向ける時間や笑顔を表出する時間が長いことがわかりました（Clark et al., 2013）。オキシトシンは、赤ちゃんの社会性の発達にも深くかかわるホルモンなのです。

10

注意と社会性の関係

この章の最後に、不注意や行動の抑制がむずかしいなどの症状によって、間接的に対人関係に問題が起こる可能性を述べたいと思います。注意欠如・多動症（attention-deficit/hyperactivity disorder：以下、ＡＤＨＤ）は、その一例です。ＡＤＨＤは、一二歳以前に、忘れ物が多い、片づけや整理整頓が苦手などの不注意、落ち着いてじっと座っていられない・静かにできないなどの多動性、順番が待てない・気に障ることがあったら乱暴になってしまうことがあるなどの衝動性の症状が、六ヶ月以上続くことに特徴づけられる神経発達症の一つです（American Psychiatric Association, 2013）。

ＡＤＨＤには、①不注意優勢型、②多動性-衝動性優勢型、③混合型（①と②が混在した症状を示す）の三つのタイプがあり、それぞれ重症度が三段階に分かれて診断されます。不注意優勢型は、注意や集中を保つことが困難で、必要なものに対して継続的かつ選択的に意識を向けることがむずかしいことがあります。多動性-衝動性優勢型は、じっとしていることが苦手で、衝動的な行動をとる傾向があります。

ＡＤＨＤは、神経生物学的な観点から、どのように理解できるのでしょうか。ＡＤＨＤ者では、前頭前皮質を中心とする実行機能と、眼窩前頭皮質や線条体を中心とする報酬系の機能の低下が指摘されています（Sonuga-Barke, 2003）。

実行機能とは、目標のために行動や感情を制御する能力のことで、①抑制（行動を抑制する能力）、②切り替え（注意や行動を切り替える能力）、③更新（情報を保持しながら操作する能力）、の三つに大別されます（Miyake et al., 2000）。また、報酬系については、遅延報酬（後に訪れる大きな報酬）を指向して、目先の小さな報酬に対する欲求を抑えた行動ができるかどうかが問われます。ＡＤＨＤ者では、実行機能と報酬系にかかわる行動で失敗してしまうことが多くあるのです。

ＡＤＨＤの特性は、保育所や幼稚園などの集団行動をする場面で顕著にみられるようになります。不注意や衝動性などの一次的な問題（一次障害）によって、集団行動がとれないことがあるのです。また、ＡＤＨＤの子どもでは、周囲の子どもたちと協調して遊ぶことがむずかしいために仲間外れに遭いやすかったり、保育者に怒られたりすることで、自己評価の低下を招く可能性もあります。このように一次障害（もとの障害）が原因で起こる問題を二次障害といいますが、私たち大人は、孤立やいじめ、自己肯定感（第５章４節参照）の低下などの二次障害を防ぐ必要があります。

集中がむずかしい子の場合は、その子の周りに無駄な刺激を置かないようにしたり、一日の予定を視覚的に提示するなど、環境設定をすることができます。また、社会や生活での行動をうまくできるように、紙芝居や遊びを用いたロールプレイなどを通じて、対人関係をうまく行うための技能を身につけるソーシャルスキルトレーニングなどがあります。大切なことは、日常生活で子どもがストレスを感じないように、その子の特性を理解して物理的環境を整えたり、かかわり方を工夫することです。

＊

本章でみてきたように、ヒトの社会性は長い進化の過程で獲得されてきました。また、複雑な社会性を支える社会脳は、さまざまな脳領域から構築されていました。ヒトの社会性の発達とその個人差（多様性）を理解して、子どもたち一人ひとりに適切な環境とは何かを考えていく必要があります。第3章では、ことばの発達を社会性とのかかわりからみていきましょう。

第3章　ことばの発達

1 胎児は音を聞き分けている

第3章では、私たちが日常的に使用している、ことばの発達について紹介します。私たちはことばを巧みに操り、コミュニケーションをしています。ことばの発達には、どのような経験や環境が良いのでしょうか。

ヒトの聴覚の機能は、胎児期から働きはじめています。胎児は羊水に満たされた胎内で音を聞きます。そのため、音の高さや明瞭さは限られますが、外界の話し声を聞くことができます。また、お母さんの声や心音の場合には、骨伝導によってより明瞭に音を聞くことができるのです。

胎内で聞いた音の経験は、誕生後にも何らかの影響を与えるのでしょうか。たとえば、新生児の泣き声のイントネーションが、お母さんの話すことばの特徴を反映している可能性が報告されています（Mampe et al., 2009）。マンペらは、語尾が上がる特徴をもつフランス語圏の新生児は、発声の後半にイントネーションのピークをもつ泣き方をし、一方で、語尾が下がる特徴をもつドイツ語圏の新生児は、発声の前半にイントネーションのピークをもつ泣き方をすることを発見しました。

また、新生児は生まれたばかりであるにもかかわらず、外国語に比べて母国語を好んで聞

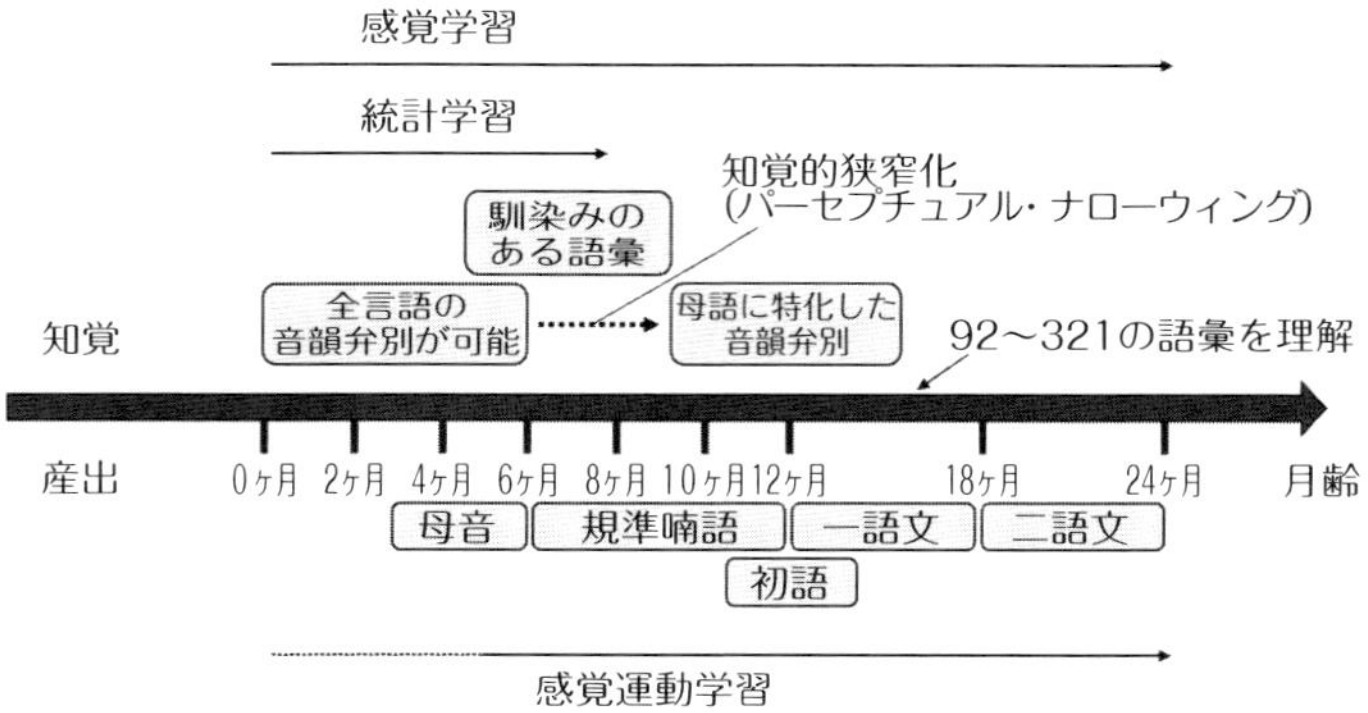

図３－１．生後早期のことばの知覚と産出の発達過程
出所：Kuhl et al.（2014）を改変

きます（Moon et al., 2013）。このような生後早期にみられる特徴も、胎児期から音を聞いていたおかげかもしれません。

2　ことばを聞く能力の発達

ヒトは生まれてからどのようにことばを発達させていくのでしょうか。生後一年の間は、母音や子音などの音韻と、音の高さの変動や抑揚、リズムなどの韻律（プロソディー）の情報を知覚処理する経験が重要となります。ことばを聞く、話すことを通して、私たちは徐々にことばを獲得していくのです。ちなみに、音声などを知覚することによる学習を、感覚学習と呼び、発声によって音声と口の動かし方の対応関係を学ぶことを、感覚運動学習と呼びます。

まず、ことばを聞く・知覚することの発達についてみていきましょう（図３-１）。驚くべきことに、

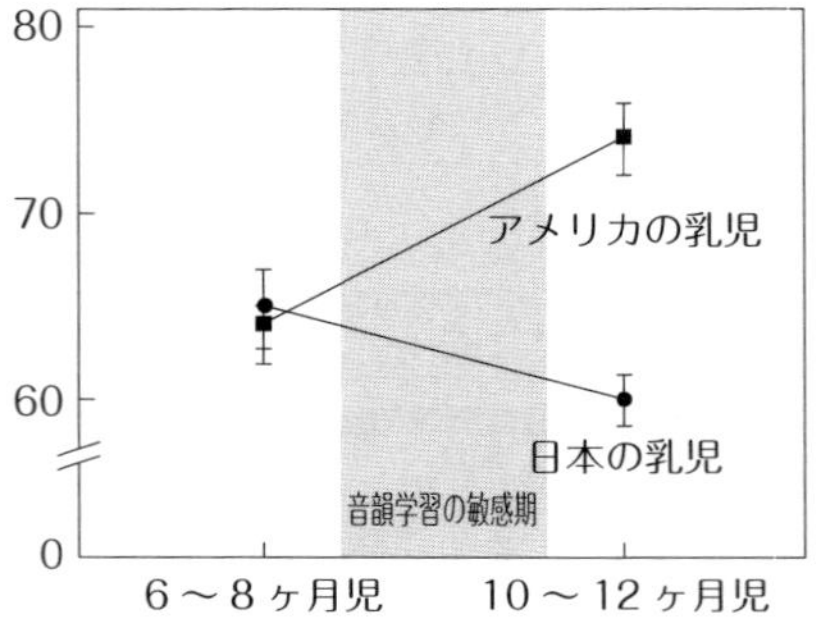

図3-2．アメリカと日本の赤ちゃんの「R」と「L」の区別にかんする正答率
出所：Kuhl（2010）を改変

赤ちゃんは生後半年の間、あらゆる言語の音韻を区別できるとされています。一方で、それ以降の時期では、加齢にともなう脳機能の発達変化によって、周囲の大人が話している音韻のみを知覚するようになります。つまり、あらゆる音韻を区別する能力は徐々に低下していくのです。これを裏づける現象に、知覚的狭窄化（perceptual narrowing）があります。

クールらは、英語圏と日本語圏の六～八ヶ月児と一〇～一二ヶ月児を対象に、音韻「R」と「L」を区別する能力を調べました（Kuhl et al., 2006）。その結果、日本語圏の赤ちゃんは、六～八ヶ月児の時点では、母語にない「R」と「L」を区別することができる一方で、一〇～一二ヶ月児では、これらの音韻を区別する能力が低下しました（図3-2）。他方、英語圏の赤ちゃんは、生後六～一二ヶ月にかけて、「R」と「L」を区別する能力を上昇させました。このことは、生後六～一二ヶ月の間に、母語の音韻を知覚する能力は保たれ、母語にない音韻の知覚能力は減衰することを示しています。つまり、この期間にはじめの音韻学習の敏感期（効率良く発達することが可能な特定の時期）があると考えられます。私たちは、誕生時にはあらゆることばに対応できる能力をもっていますが、環境の経験を通じて、母語の音韻体系に適合したことばの知覚能力を発達させていくのです。この背景には、脳内の不要なつながりは除去されるというシナプスの刈り込み（第1章6節参照）がかかわっていると考えられています。

赤ちゃんは生後半年を過ぎると、馴染みのある語彙を学習するようになります。たとえば、生後六ヶ月の赤ちゃんは、自分の名前を認識します（Imafuku et al. 2014）。生後六〜九ヶ月頃には、バナナ、リンゴなどの見慣れたモノの名称をいくつかは認識できるようになり（Bergelson & Swingley, 2012）、生後一六ヶ月になると、およそ九二〜三二一の語彙を理解するようになるのです（Fenson et al., 1994）。

実は、語彙を学習するしくみは新生児期からみられます。新生児は、環境の中に潜む情報から規則性を抽出する統計学習（statistical learning）の能力をすでに有しているようです（Teinonen et al., 2009）。この能力は、文章から単語を発見するときなどに使われます。たとえば、「いぬはえさをたべています。」という文章があったとします。このいぬはおにくがすきです。ごはんのあとはいぬのさんぽにでかけます。このとき、一文目、二文目で「いぬ」がでてくるため、三文目でも「い」の後に「ぬ」がくる確率が高くなります。統計学習の能力のおかげで、「いぬ」という単語を文章から見つけだしやすくなるのです。

3 ことばを話す能力の発達

ことばを話すことは、口の動きを制御する能力とも密接に関係しています。生まれたばかりのときは、まだ巧みな口の動きができません。しかし、新生児は、泣き、せき、くしゃみなどの反射的な音をだしますが、これは、音声と口の動きの対応関係を学ぶ第一歩であると考えられています。事実、泣き声の抑揚が大きい（さまざまな音域で声をだせる）赤ちゃんほど、一歳半時点における話せることばの数が多いことがわかっています（Shinya et al., 2017）。

乳児期になると、赤ちゃんは母音や子音を発しはじめます（Kuhl, 2004）。生後三ヶ月では、「あーうー」など母音に類似した音声を産出するようになり、生後七ヶ月で、「ばばば、ままま」などの子音と母音を含む喃語（バブリング）を発声するようになります。生後一二ヶ月には、意味のある単語である初語を話すようになります。一歳半以降には、単語を急速に獲得する語彙爆発の時期を迎えます。一歳半までは、およそ一日に平均〇・一八語、一ヶ月に平均五~六語を習得し、一歳半以降では、一日に平均〇・八三語、一ヶ月に平均二四・三語という驚きのスピードで語彙を習得します（小林ら、二〇一六）。

初語を話しだす一歳以降には、「わんわん」「ぶーぶー」「まんま」など、一つの単語で発話をする一語文がみられるようになります。一歳半頃からは、二つのことばを組み合わせて、

「まま、ねんね」「わんわん、いた」などの二語文がみられます。その後は、「ぱぱ、かいしゃ、いった」などの三語以上を連続して発話する多語文がみられるようになります。二語文や多語文がでてくると、「が」「を」「に」のような格助詞を用いるようになります。はじめは格助詞の誤用がみられ、「わんわんがいた」が正しいところを、「わんわんをいた」などと間違ってしまうことがあります。

語彙を習得するためには、周囲の人が話すことばを真似する必要があります。音声を真似する能力のことを、音声模倣と呼びます。音声模倣はどのように発達するのでしょうか。新生児期には、音声模倣の萌芽がみられるようです。ただし、新生児は音声の産出がむずかしいことから、音声に対応した口形（たとえば、「あ」を聞いたときには口を開ける）が指標になります。

チェンらは、生後七日の新生児を対象に、聴覚刺激に対する音声模倣反応を調べました(Chen et al. 2004)。その結果、大人が新生児と対面した状態で、「あ」と「む」の聴覚刺激をそれぞれ提示した際に、「あ」ならば口を開ける、「む」ならば口をすぼめる、というように、新生児は聞いた音声に一致した口の動きを示しました（図3-3）。これは、直前まで胎内で肺が羊水に満たされており、「あ」と「む」などの特定の音声を産出した経験が乏しいはずの新生児が、音声を自分の身体運動に変換するシステムをもつ可能性を示唆しています。

生後一六～八二時間の新生児を対象とした研究では、モニター上にうつる「あ」、または

(a)　(b)

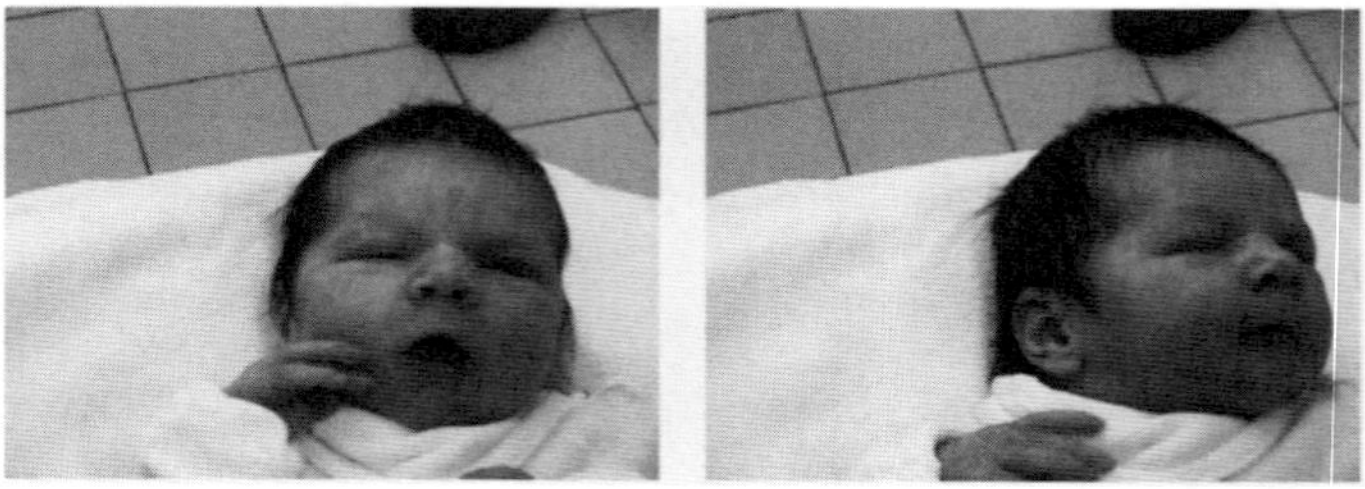

図3－3．(a)「あ」を聞いたときの口を開ける反応
(b)「む」を聞いたときの口をすぼめる反応
出所：Chen et al.（2004）

「い」を発話する大人に対する新生児の音声模倣を調べています（Coulon et al., 2013）。モニター上の映像は、①視覚情報（口の動き）のみの条件、②視覚と聴覚情報（音声と口の動き）が一致している条件、③視覚と聴覚情報が不一致の条件、の三種類がありました。実験の結果、新生児は視覚情報のみの条件と視覚と聴覚情報が一致している条件で、より多く大人が発声した音声と一致した口の動きを示しました。一方で、視覚と聴覚情報が不一致の条件では、新生児はその口の動きを示しませんでした。これは、新生児期に視覚と聴覚情報が統合的に知覚され、口の動きの模倣に影響する可能性を示唆します。

乳児期になると、音声模倣はどのように発達するのでしょうか。三ヶ月児は、三種類の母音「あ」「い」「う」の音声を模倣します（Kuhl & Meltzoff, 1996）。さらに、三〜五ヶ月児にかけて、音声模倣のときに、「あ」「い」「う」をより明確に区別して発話できるようになります。これは、生後三〜五ヶ月で、口の運動能力が発達することを示します。

4　口の動きを利用してことばを理解する

口の動きと音声を統合する能力

ここからは、音声の知覚における口の動きの役割について考えていきたいと思います。日常生活では、私たちは聴覚情報のみではなく、視覚情報を巧みに利用しています。たとえば、マスクをしている人の話し声が、聞き取りにくいと感じたことがあると思います。また、口の動きと音声を統合的に知覚することができなければ、複数の人が話しているときに話者を同定することすらできません。本書では、発話の視覚情報（口の動き）と聴覚情報（音声）を統合して知覚処理する能力を、発話知覚と呼びたいと思います。

私たちが発話知覚をしている証拠となる現象の一つに、マガーク効果（McGurk effect）があります（McGurk & MacDonald, 1976）。マガーク効果とは、視覚情報「が（ga）」と聴覚情報「ば（ba）」が同じタイミングで提示されたときに、提示された聴覚情報とは異なる音韻「だ（da）」を知覚する現象のことです（図３-４）。視覚器官（目）と聴覚器官（耳）から入力されたそれぞれの音声情報は、脳内で統合されているのです。ほかにも、たとえばパーティー会場などのような雑音環境下において、音声が聴覚情報のみの場合よりも、口の動き

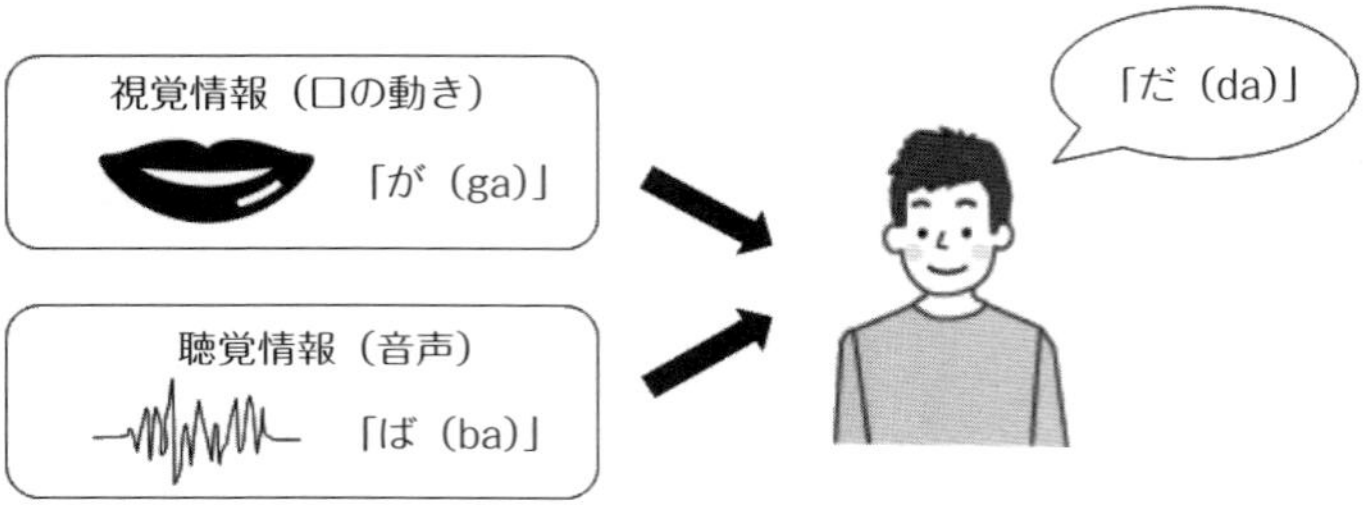

図3-4．マガーク効果（発話の視聴覚統合の例）

と音声の両方がある場合に音声の内容の理解が早く、より正確になるという現象があります。この現象は、聴覚という単一感覚による情報処理よりも、視聴覚という多感覚情報を得ることが、周囲の情報を効率よく取り入れるのに有益であることを示しています。

面白いことに、生後六ヶ月の赤ちゃんは発話が視覚情報のみで提示されても、母語と非母語を区別することができます（Weikum et al., 2007）。このことは、発話の口の動きが、言語を区別するのに十分な情報を含んでいることを示しています。また、発話知覚の発達は、生後早期からの視覚経験に依存すると考えられます。たとえば、生まれたときに何らかの影響で目が見えず、視覚経験がない場合には、発話知覚が正常に発達しない可能性があります。生後五ヶ月の間、先天性両眼白内障のために視覚経験のなかった患者は、健常者に比べて、発話を知覚する能力が弱いことも知られています（Putzar et al., 2007）。

発話知覚は、いつ、どのように発達するのでしょうか。私たちは、新生児期から発話に含まれる視聴覚情報の一致性を検出することができます（Aldridge et al., 1999）。アルドリッジらは、生後四～三三時間の新生児が発話の視聴覚情報が一致した映像（たとえば、「あ」を発声するときの口の動きと「あ」の音声）を、不一致の映像（たとえば、「あ」を発声するときの口の動きと「い」の音声）に比べて好むことを明らかにしました。このように、発話に含まれる視聴覚情報が一致、または不一致していることを区別する能力は、すでに新生児期からみられるようです。ただし、発話知覚の能力は、月齢（経験）とともに発達します（Pons et al., 2009）。

二～四ヶ月児では、発話の視聴覚情報が時間的にずれているよりも、一致している話者の顔をより長く見ます（Dodd, 1979）。同様に、二～五ヶ月児は、「あ」や「い」などの口の動きと音声が一致している話者を長く注視します（Kuhl & Meltzoff, 1982 : Patterson & Werker, 1999, 2003）。また、マガーク効果は、生後五ヶ月の赤ちゃんですでに確認されています（Kushnerenko et al., 2008）。これらの知見は、ヒトが生後早期から発話に含まれる視聴覚情報の一致性を検出する能力をもち、生後半年頃には発話の視聴覚情報を統合処理できるようになることを示しています。

口への注目とことばの発達

近年、発話知覚がことばの発達に重要な役割を果たすことを示す研究成果が次々と報告されています。音声が聴覚情報のみの場合よりも、視聴覚情報の場合、つまり情報量が多いほど、ことば（音韻・語彙）の獲得がより効率的になります。では、発話知覚の個人差は、乳幼児期の音韻や語彙の獲得とどのように関連するのでしょうか。

ルコウィッツらは、四、六、八、一〇、一二ヶ月児、および成人が、物語の一節を朗読している話者を観察しているときの視線反応を、視線計測装置を用いて記録、分析しました（Lewkowicz & Hansen-Tift, 2012）。その結果、四ヶ月児は話者の目を長く注視した一方で、六ヶ月児から一〇ヶ月児にかけて、赤ちゃんは話者の目よりも口を長く注視するようになることがわかりました。一方で、成人は話者の目を長く注視していました。このことは、母語の音韻知識を急激に獲得していく生後一年間で、話者の口に注目する時期があることを示しています。赤ちゃんは、音声の情報だけでは不十分なために、口を見ることで補っているのかもしれません。ルコウィッツらは、赤ちゃんがことばを産出するようになると、話者の口を注視する動機づけが高まると考察しています。喃語期の赤ちゃんは話者の口に注意を向けることで、結果としてことばを効果的に学習すると考えられます。また、成人では相手の感情や意図が反映される目を見ながら、コミュニケーションをしているといえそうです。

実際に、乳児期の発話知覚の個人差が、ことばの発達と関連することも示されています。ヤングらは、生後六ヶ月の定型発達児と後に自閉症の診断を受けた児を対象に、お母さんとの相互作用場面において、お母さんの顔に対する注視パターンと、その後のことばの発達の関連を調べました（Young et al., 2009）。その結果、生後六ヶ月のときにお母さんの口をより長く見た赤ちゃんは、二四ヶ月児の時点で理解や表出することのできることばの数が多かったようです。また、生後六ヶ月のときにモニター上の話者の口を見る時間が長かった赤ちゃんは、一二ヶ月児の時点で理解できることばの数が多いことが明らかになっています（Imafuku & Myowa, 2016：図3-5）。以上の知見は、乳児期に話者の口を注視することが、ことばの発達に寄与している可能性を示しています（図3-6）。このように相手の口の動きと音声を統合処理する能力は、社会的認知の基礎であり、対人コミュニケーションにおいて重要なのです。

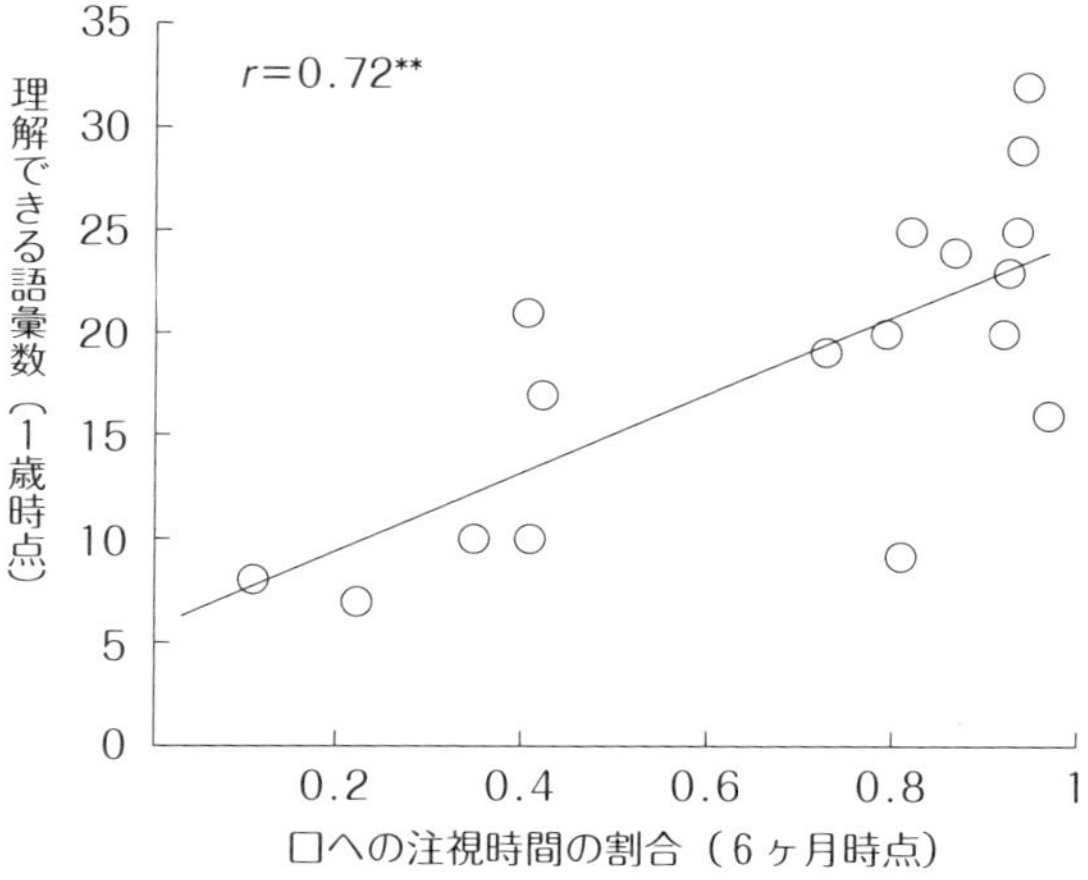

図3-5．口への注視時間と理解語彙との関連

注：**p<.01

出所：Imafuku & Myowa（2016）を改変

口の動きと音声を統合するための脳のしくみ

私たちは、どのようなしくみで音声を知覚しているのでしょうか。一つの仮説として、音声知覚は、感覚情報を自分の運動の表象（イメージ）に対応づけることでなされる、というものがあります（Kuhl &

図3-6．話者の口に注目する赤ちゃん
イラスト：清水智樹

Meltzoff, 1984)。この立場に立つのが、音声知覚の運動理論（motor theory of speech perception）です（Liberman & Mattingly, 1985）。音声知覚の運動理論では、音声の知覚は、自分の口の動きの表象（イメージ）と、外部から入力された音声を比較照合することでなされると考えます。

近年、この理論を支持する神経科学研究が数多く行われています。まず、発話知覚のしくみについて、脳内情報処理の観点からみてみましょう（Bernstein & Liebenthal, 2014；図3-7）。発話の情報は、複数の脳の領域が一緒に働くことで知覚処理されます。この処理の経路には、脳の下側（腹側経路）を通るものと上側（背側経路）を通るものがあります。腹側経路は、発話に含まれる顔や身体運動などの視覚情報と音声の聴覚情報の知覚や、意味の認識にかかわります。背側経路は、発話の情報を自分の調音（音声を発するための運動）の表象（イメージ）に結びつける働きにかかわります。このように、発話知覚の際には視覚や聴覚だけでなく、運動にかかわる脳の部位が連結して情報処理を行います。

では、いつから運動が発話知覚に関与するようになるのでしょうか。興味深いことに、

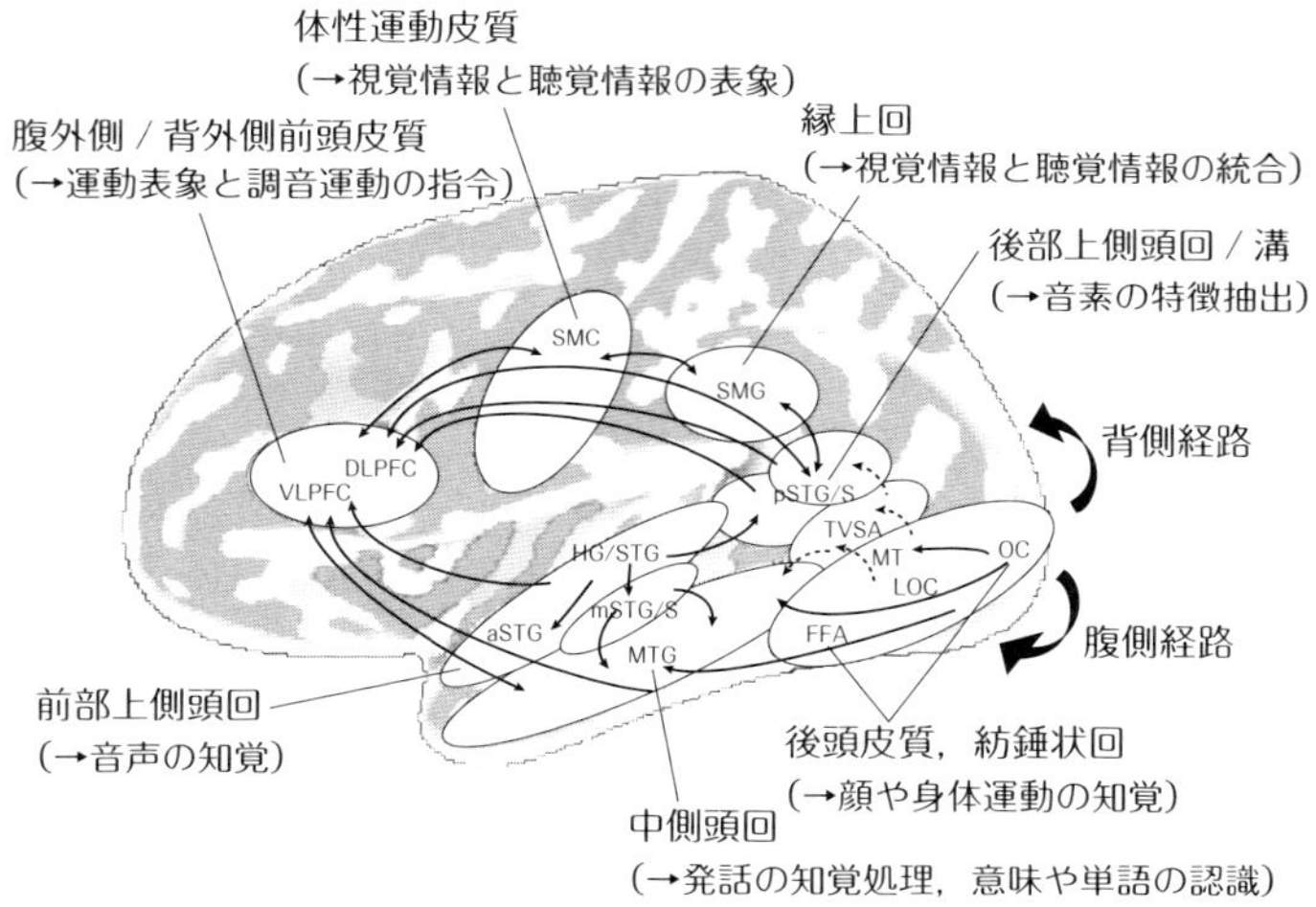

図３-７．発話知覚にかかわる脳内情報処理ネットワーク
出所：Bernstein & Liebenthal（2014）を改変

四・五ヶ月児は、自分の口の形が知覚した音声と同じ状態で発話映像を観察した場合に（「い」なら口を横に開いた状態、「う」なら唇を突きだした状態）、自分の口の形と一致した音声を発話する話者に対して、不一致の音声を発話している話者よりも注視時間が短いことが明らかになりました（Yeung & Werker, 2013）。また、一〇・五～一二ヶ月児を対象とした研究では、養育者と相互作用しているときに、子音を発話する頻度の多かった赤ちゃんほど、子音を弁別するテストでの得点が高い傾向にありました（DePaolis et al., 2013）。これらの知見は、生後一年までの赤ちゃんにおいても、音声産出にかかわる自分の運動表象（イメージ）が、発話知覚と関連する可能性があります。

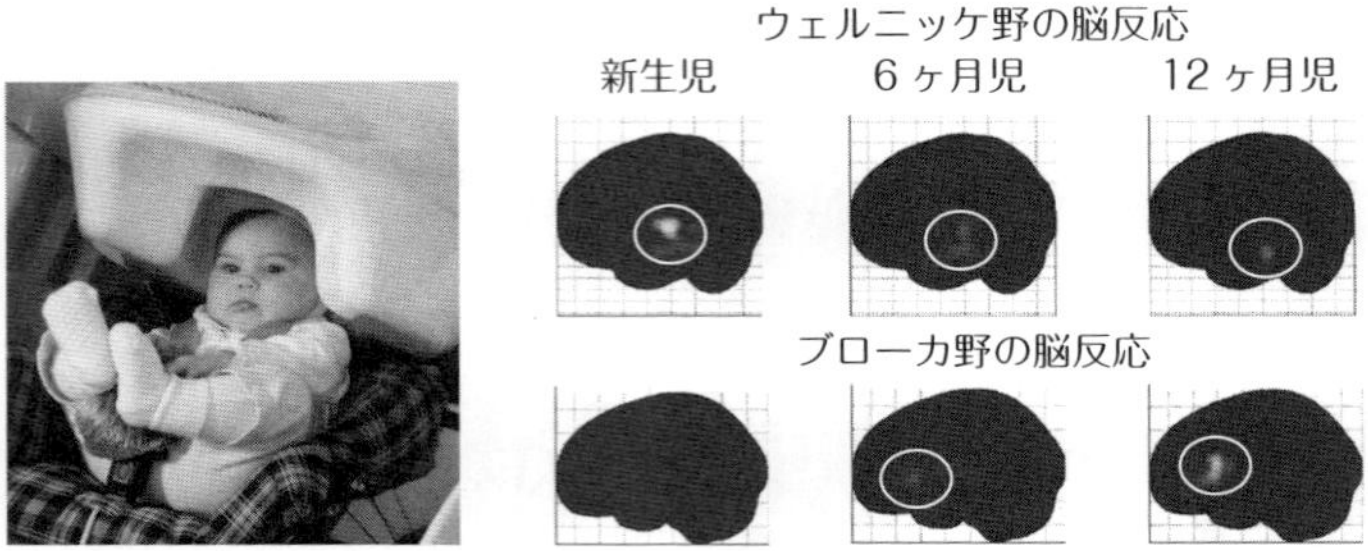

図3-8．脳磁図（MEG）による音に対する脳反応の計測風景（左）と実際の脳反応（右）

注：丸で囲まれた白っぽい部分は脳活動がみられたことを示す
出所：Kuhl（2010）を改変

つづいて、音声の知覚と産出の発達的な関連についての神経科学的研究を紹介します。イマダらは、新生児、六ヶ月児、一二ヶ月児が、母音「あ（a）」と子音＋母音「ぱ（pa）」を継時的に聴取したときの脳反応を、脳磁図（ＭＥＧ）を用いて記録しました（Imada et al., 2006：図3-8）。このとき、ミスマッチ陰性電位を指標としました。ミスマッチ陰性電位は、参加者が継時的に提示された二つの情報を区別していることを示す指標です。その結果、音声の知覚を担うウェルニッケ野では、すべての月齢の赤ちゃんで有意なミスマッチ陰性電位の反応がみられたのに対して、音声の産出を担うブローカ野では、六ヶ月児と一二ヶ月児においてのみ、有意なミスマッチ陰性電位の反応がみられました。六ヶ月児は、自分で子音と母音を組み合わせた音節を発声できるようになる時期です。したがって、イマダらの研究は、音声産出経験が発話知覚時の情報処理に影響する可能性は生後六ヶ月頃から現れることを示しています。また、話者の口を長く注視した六ヶ月児では、発話の運動計画にかかわる左下前頭領域（ブローカ野）がより強く活動するようです（Altvater-Mackensen & Grossmann, 2016）。話者の口に注目することは、ことばを話す準備につながるのかもしれません。

口に注目する赤ちゃんほど模倣する

先述したように、生後五ヶ月までに母音の音声模倣ができるようになります。三〜四ヶ月児を対象とした研究では、口の形が「あ」で音声が「い」のように、視聴覚情報が不一致の場合に比べて、口の形が「あ」で音声が「あ」のように、視聴覚情報が一致した場合に、赤ちゃんは音声をより多く模倣しました（Legerstee, 1990）。これは、音声模倣において、視聴覚情報が重要である可能性を示唆しています。それでは、音声模倣をするときに、赤ちゃんは話者の顔のどこを見ているのでしょうか。これまでの研究では、音声模倣の産出の側面にのみ焦点が当てられており、知覚と産出の関係は不明でした。

私たちは、母音の音声模倣が可能である六ヶ月児を対象に、話者の口に対する注視行動と、母音の音声を模倣する頻度との関係を検証しました（Imafuku et al., 2019）。話者は、「あ」と「う」のどちらかの母音を発話しました。まず、話者の顔の情報が赤ちゃんの音声模倣に及ぼす影響を調べるため、話者が正立顔で発話をする正立条件と、倒立顔で発話をする倒立条件を設けました。顔を一八〇度回転させて倒立にすると、倒立効果（第2章2節参照）が起こり、顔を知覚するのが困難になります。また、倒立顔では、発話知覚が弱められるようです（Eskelund et al., 2015）。したがって、音声模倣において重要となる視聴覚情報は、正立条件では豊富で、倒立条件では乏しいと考えられます。もし、発話に含まれる視聴覚情報が音声模倣に影響を及ぼすのであれば、倒立条件に比べて正立条件の場合に、赤ちゃんはより高い頻度で音声模倣をすると考えられます。また、もし視聴覚情報が赤ちゃんの音声模倣に対して重要であるとすれば、正立条件において話者の口を注視する傾向にある赤ちゃんほど、音声模倣をより高い頻度でするると考えられます。

実験の結果、倒立顔条件に比べて、正立顔条件で赤ちゃんはより多く音声模倣を行いました（図3-9）。さらに、正立顔条件で、話者の口に対する注視時間が長い赤ちゃんほど、音声模倣をより多く行いました。つまり、話者の口に注目していた赤ちゃんほど、音声模倣をよく行っていました。赤ちゃんに話しかけるときには、口を大きく開けて関心をもたせてあげることが重要かもしれません。

赤ちゃんの目を見ながら話しかける

私たちは、他者が誰であるか、自分にとってどのような関係にある他者なのかによって、選択的に模倣を行います（Over & Carpenter, 2012）。たとえば、アイコンタクトの有無が、

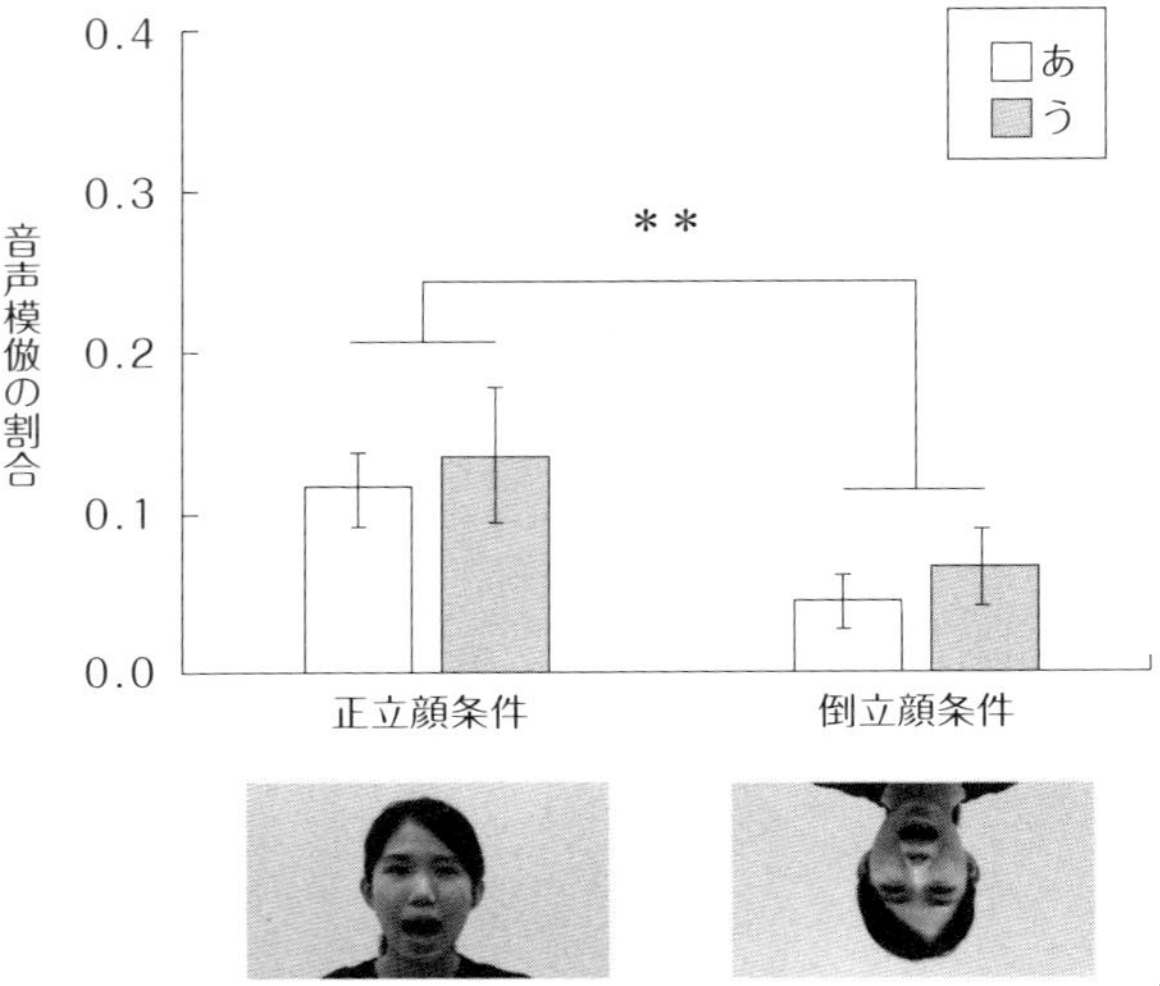

図3-9．正立顔と倒立顔に対する赤ちゃんの音声模倣

注：**p<.01

出所：Imafuku et al.（2019）

模倣に影響を及ぼします。ワンらは、社会的トップダウン反応調整仮説を提示しました（Wang & Hamilton, 2012）。この仮説では、対人コミュニケーションにおいて重要なアイコンタクトに着目し、アイコンタクトが模倣に及ぼす影響について、行動、および神経科学的なデータをもとに説明しています。たとえば、成人を対象に、顔の前で手の動作をしている人の映像を提示し、手の動作の模倣を行うまでの反応時間を調べています。このとき、参加者に対してアイコンタクトをしている直視条件と、アイコンタクトをせずに目を逸らしている逸視条件がありました。その結果、逸視条件に比べて直視条件のときに、参加者はより早く模倣をし

ました。このことは、アイコンタクトが模倣を制御し、促進する効果をもつことを示しています（Wang et al., 2011a)。次に、この直視条件と逸視条件に、観察した手の動き（グー）とは異なる手の動き（パー）をする模倣抑制条件を加えた手続きを設けて、fMRIを用いて模倣の制御にかかわる神経基盤が調べられました（Wang et al., 2011b)。その結果、参加者が模倣を実行しているときには、感覚情報の符号化を担う上側頭溝と、運動の実行にかかわる下前頭回の機能的な結合が強くなることがわかりました。また、模倣抑制条件では、内側前頭皮質の活動が有意に高くなることがわかりました。模倣の抑制は、他人の運動と自分の運動表象（イメージ）を区別する必要があり、自分と他人の円滑なコミュニケーション（交互交代的なやりとり）のために重要です。つまり、模倣の抑制における自他の区別には、内側前頭皮質が関与しているのです。さらに、直視条件では、アイコンタクトがメンタライジングシステム（第2章1節参照）の一部である内側前頭皮質に直接的な影響を与え、内側前頭皮質を介してミラーニューロンシステム（第2章6節参照）の一部である上側頭溝との機能的な結合の強度を調整することで、模倣を促進することが明らかとなりました（図3-10）。ワンらの結果は、アイコンタクトが、模倣にかかわる感覚運動システムをトップダウン的に制御していることを示しています。まとめると、相手のアイコンタクトが模倣を促すのです。

成人ではこのような結果となりましたが、赤ちゃんではどうなのでしょうか。私たちは、六ヶ月児を対象に、相手のアイコンタクトが音声模倣に影響を及ぼすかどうかを検討しまし

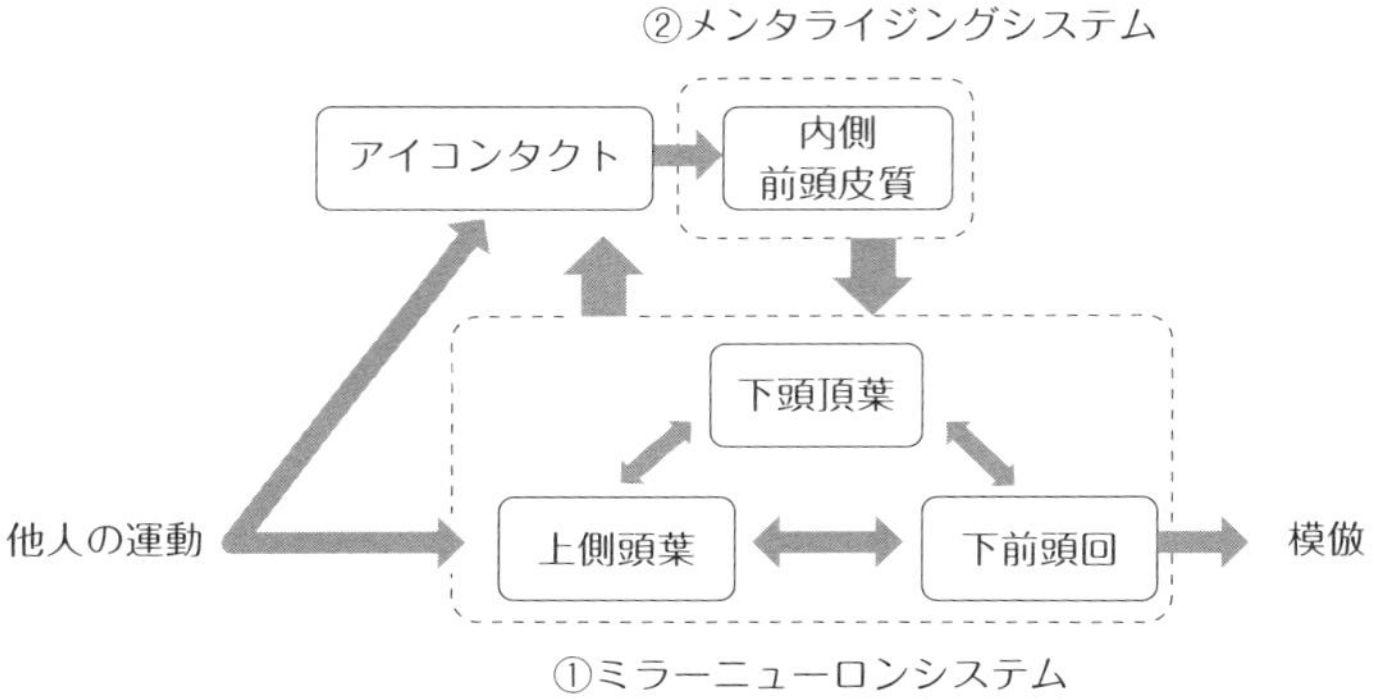

図 3 -10.　模倣にかかわる脳の情報処理モデル
出所：Wang & Hamilton（2012）を改変

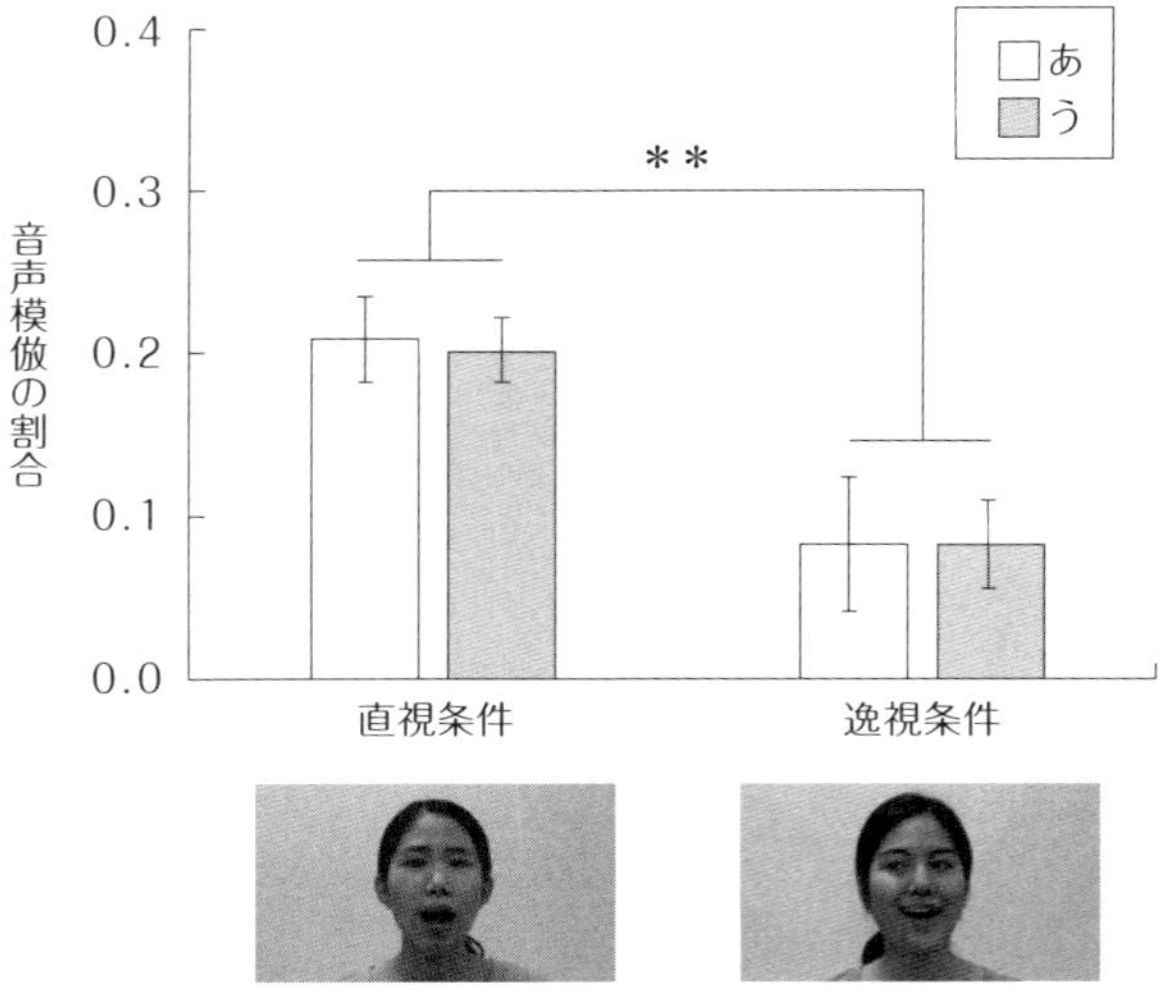

図 3 -11.　直視顔と逸視顔に対する赤ちゃんの音声模倣
注：$^{**}p<.01$
出所：Imafuku et al.（2019）

た（Imafuku et al., 2019）。赤ちゃんは、話者がアイコンタクトをしながら「あ」と「う」のどちらかの母音を発話する直視条件と、目を逸らしながら母音を発話する逸視条件の映像を観察しました。その結果、直視条件において、赤ちゃんはより多く音声を模倣しました（図3-11）。このことは、生後六ヶ月の赤ちゃんが、自分に向けられた視線に感受性をもち、自分を見ている話者に対して音声模倣をよくすることを示しています。赤ちゃんとかかわるときに、目を見ながら話しかけると、赤ちゃんは音声の真似をたくさんするようになるかもしれません。

5 ことばは人とのかかわりの中で育つ

近年の研究から、ことばの発達において、他者から学ぶことの重要性が明らかになってきました（Tomasello, 2003）。この点を強調する理論に、ソーシャルゲーティング仮説（social gating hypothesis）があります（Kuhl, 2000, 2007）。ソーシャルゲーティング仮説では、社会的認知の能力や、他者との相互作用が、乳児期のことば（音韻や語彙）の発達に重要であるという主張がなされています。

たとえば、私たちは他人の視線や指さしを追うことでモノの名前を学習することができ、他人の音声を模倣することでその音声を自分で発声することができるようになります。もし、社会的認知がことばの発達の門戸になるとすれば、赤ちゃんにとっては人以外（たとえば、機械などの人工物）から伝達される情報の学習は、効果的でないと考えられます。この仮定は、赤ちゃんを対象とした模倣研究の知見によっても支持されます。赤ちゃんは、ロボットのような非言語音声では模倣せず、人の音声に対して選択的に模倣を行います（Kuhl et al., 1991）。このことは、生後早期にみられる他者から選択的に学習する性質が、ことばの発達と関連することを示しています。

さらに、社会的認知とことばの発達の関係は、外国語学習においても重要のようです。たとえば、生後九～一〇ヶ月の英語圏の赤ちゃんは、中国人が目の前で中国語を話してかかわった場合では、新奇な言語（中国語）の音韻を学習しました（Kuhl et al., 2003）。一方で、画面越しに中国語を話す人がでてくる映像を視聴するだけでは、中国語の学習はできませんでした。クールらの研究結果は、他者との対面（ライブ）での相互作用が、赤ちゃんの外国語の音韻学習に効果を及ぼすことを示しています。

なぜ、他者との対面での相互作用が外国語学習に効果があるのでしょうか。クールは二つの要因をあげて説明をしています。第一に、対面での相互作用は、赤ちゃんの注意を引く効果があります。対面と映像を比較すると、得られる情報量は前者の方が圧倒的に多いと考えられます。第二に、対面で相互作用する人は、ことばの学習に重要な視線、指さしなどの参照的情報を、赤ちゃんの反応に応じて提示することができます。

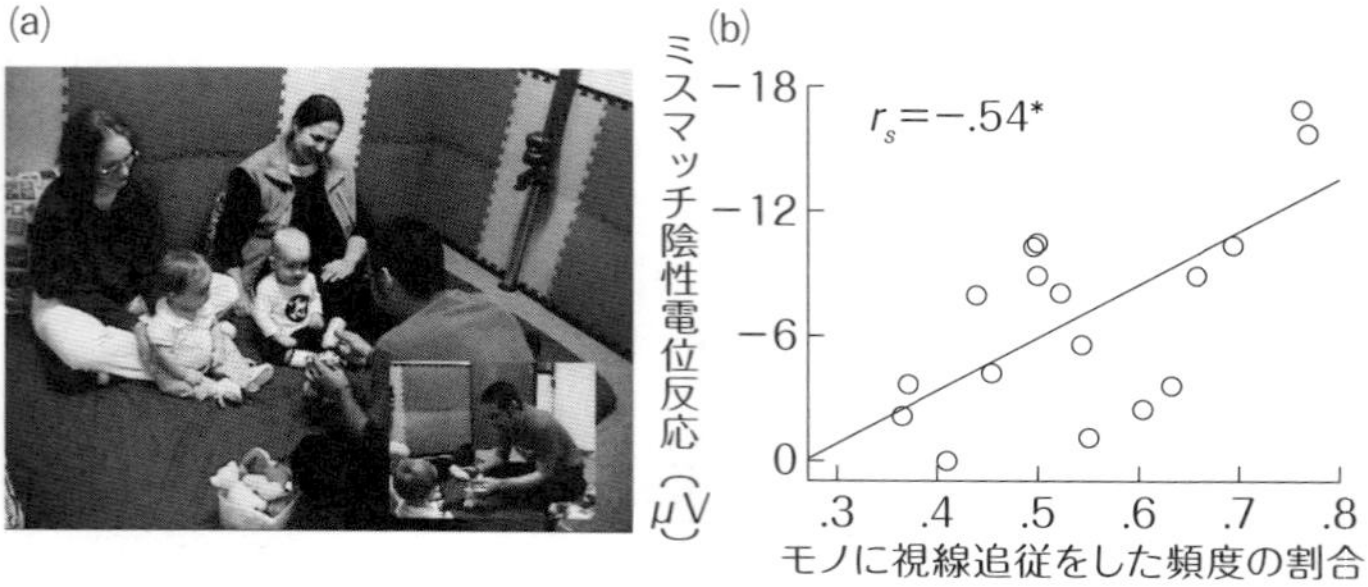

図 3-12. (a)スペイン語を話す大人とかかわる赤ちゃん
(b)視線追従と脳反応の関連

注：$^{*}p<.05$
出所：(a)Kuhl（2010），(b)Conboy et al.（2015）を改変

クールらは、赤ちゃんの共同注意（第2章2節参照）の能力が、外国語の音韻学習にかかわることも示しています。生後九・五〜一〇・五ヶ月の英語圏の赤ちゃんが、外国語であるスペイン語を話す大人とモノ（絵本とおもちゃ）を介して遊ぶセッション（一回二五分間）に、一ヶ月間で計一二回参加しました。そして、セッション中の赤ちゃんの行動を分析し、セッション後の外国語の音韻を区別する能力を、ミスマッチ陰性電位（第3章4節参照）の測定によって評価しました（Conboy et al., 2015：図3-12）。実験の結果、セッション中に大人の顔とモノを交互に注視する頻度（視線追従）が多かった赤ちゃんほど、スペイン語の音韻の違いに対するミスマッチ陰性電位の反応が強いことがわかりました。共同注意は、モノとその名前を対応づける役割を果たし、語彙の獲得に重要です（Brooks & Meltzoff, 2005）。また、語彙の獲得は、語彙を形成する音韻の学習につ

ながります（Yeung & Werker, 2009）。共同注意をより多く行うことで、外国語の語彙の学習が行われたために、音韻の知覚が向上した可能性が考えられます。このような知見は、乳児期から外国語をどのように学ぶべきかの参考になるでしょう。

現在、日本においては英語教育の低年齢化が進んでいます。英語は二〇一一年に小学五年生から必修となり、二〇二〇年には小学三年生から必修化、小学五年生から教科化が始まる予定です。日本で生まれ育つ人の多くは、自然と日本語を習得し、運用することができます。しかし、英語については、そう上手くはいきません。中学校や高等学校の時代に、英語に抵抗感を覚えた経験がある人も多いのではないでしょうか。もしかすると、乳幼児期から英語に触れる機会があると、このような抵抗感はなくなるかもしれません。英語の低年齢化に合わせて、英語の教育方法を考えていく必要があります。

6　赤ちゃんと「会話」する

ことばは、思考するためのほかに、相手との会話のために用いられます（Levinson, 2016）。赤ちゃんが音声を発すると、周囲の大人は自然と赤ちゃんに対して語りかけます。これが、赤ちゃんと大人との「会話」になるのです。

発話を介した相互作用の代表的な形態として、ターンテーキング（話者交代）があります。

ターンテーキングとは、話し手と聞き手が交互に話者になることを指します。発話を介したターンテーキングは、鳴禽類（音声器官が発達しており、さえずるものが多いスズメ目スズメ亜目）の鳥やアフリカゾウ、原猿類、サルなどでもみられています（Levinson, 2016）。一方、同じターンテーキングでも、ヒトとほかの動物との間では差異もあります。動物のターンテーキングはヒトに比べて、その文脈が限定されています。たとえば、動物は警戒や求愛などの限られた場面でターンテーキングがよくみられます。

大人同士の会話では、ターンテーキングにおける一つの発話の長さがおよそ二秒であり、二者の発話間間隔はおよそ二五〇ミリ秒と非常に短く、発話間の重なりはほとんどみられないそうです。この短時間で、聞き手は、①話し手の発話が何を意図しているかを予測して理解し、②発話内容の理解、調音を通して発話をする準備を行い、③話し手の発話の終結を韻律の手がかりから推測し、④その終結後に発話をする、ということをしなければなりません（Levinson, 2016）。ターンテーキングを行うには、話し手と聞き手のそれぞれが話者の心的状態を理解する必要があります。そのため、ターンテーキングをより長く継続するには、他者の心的状態の推測に関係するメンタライジング（第2章1節参照）が必要であると考えられます（Frith & Frith, 2006 ; Newman-Norlund et al., 2009）。また、二者間における発話のターンテーキングでは、自他の視点変換にかかわる側頭-頭頂接合部（図2-2）が中心的な役割を果たします（Kawasaki et al., 2013）。

発達的観点からみると、赤ちゃんと大人における発話のターンテーキングは生後二ヶ月から観察され（Gratier et al., 2015）、大人同士のターンテーキングとは異なる特徴をもちます。たとえば、双方の発話の重なりが顕著にみられます。これは、乳児期にはターンテーキングにかかわる神経基盤の発達が未成熟であることが考えられます。生後三、四、五、九、一二、一八ヶ月の赤ちゃんとお母さんの自由遊び場面を観察した研究では、赤ちゃんの月齢が九ヶ月以前の場合と比べて、それ以降の月齢の場合に、赤ちゃんとお母さんの発話間間隔が長くなることがわかりました（Hilbrink et al., 2015）。この生後九ヶ月は、自己―他者―モノの三項関係（図2-5）が始まり、相手の意図が理解できるようになる時期です（Tomasello, 1995）。ターンテーキングには、相手の意図を推測する必要があるため、生後九ヶ月の時期にターンテーキングの質が変化すると考えられます。赤ちゃんは有意味語をほとんど話すことはできませんが、大人と「会話」をしているのです。

7　赤ちゃんに歌いかける

私たちは赤ちゃんや子どもとかかわるとき、わらべうたや手遊びをします。このときにみられる音声には、どのような特徴や効果があるのでしょうか。

養育者を含む大人は、赤ちゃんに対して対乳児発話（infant-directed speech : IDS）や歌いかけなど、特徴のある音声を用います（Fernald, 1992；Trehub & Trainor, 1998）。対乳児発話は、マザリーズとも呼ばれます。大人に向けて話す対成人発話（adult-directed speech：ADS）に比べて、対乳児発話はピッチが高く、ピッチの範囲が広く（抑揚があり）、発話がゆっくりであるという音響特徴をもちます。また、歌いかけもピッチが高いという音響特徴をもちますが、対乳児発話に比べて発話の速度がさらに遅く、一息中のピッチ変化が小さいという特徴をもちます。このような大人の発話スタイルは、赤ちゃんにどのような影響を与えるのでしょうか。

赤ちゃんは、対成人発話よりも対乳児発話を好み（Fernald, 1985）、対乳児発話に比べて歌いかけを選好します（Nakata & Trehub, 2004）。このことは、対乳児発話や歌いかけが、赤ちゃんの注意をひきつける特性をもつことを示しています。ホマエらは三ヶ月児を対象に、朗読された抑揚のある音声と、声の抑揚を平坦にした音声を聴いたときの脳活動を比較検討しました（Homae et al., 2006）。その結果、声の抑揚を平坦にした音声に比べて、朗読された音声に対して右側頭部でより強い活動がみられました。これは成人でもみられることですが、乳児期の早い段階で、韻律の情報が右の側頭葉で知覚処理されていることを示します。つまり、赤ちゃんは生後早期から音声の抑揚に感受性をもつために、対乳児発話や歌いかけを好むと考えられます。

さらに、これらの発話は、赤ちゃんのことばの発達に寄与します。たとえば、お母さんが対乳児発話のように抑揚をつけて赤ちゃんに話しかけているほど、およそ生後一二ヶ月の時点で、子音の音声を区別する能力が高く（Liu et al., 2003）、日常生活で大人が赤ちゃんに対して対乳児発話を使用する時間が長いほど、生後二四ヶ月の時点で話せることばの数が多くなることがわかっています（Ramírez-Esparza et al., 2014）。しかし、大人の発話スタイルに着目したこれまでの赤ちゃん研究は、音声刺激のみに対する反応を分析したものがほとんどです。

大人が対乳児発話や歌いかけで赤ちゃんに語りかけるときに、視覚情報（口の動き）はどのような意味をもつのでしょうか。グリーンらは、大人が対乳児発話で話しているときと、対成人発話で話しているときの口の動きを、モーションキャプチャ（人間の動きを数値化する装置）で測定しました（Green et al., 2010）。その結果、対成人発話に比べて対乳児発話で発話した場合において、話者の口の運動量が顕著に大きくなることが明らかになりました。つまり、大人が赤ちゃんに対乳児発話や歌いかけで語りかけるときには、聴覚情報に加えて、視覚情報が誇張されます。視覚情報が誇張される場合に、赤ちゃんは話者の口をより長く注視する可能性があるのです。

そこで私たちは、大人の発話スタイルの違いが、話者に対する赤ちゃんの顔注視行動に及ぼす影響を検討しました（今福ら、二〇一六）。参加児の月齢は、話者の口を注視する傾向が出現し、喃語を話しだす六ヶ月児、および初語を発話しはじめる一二ヶ月児でした。参加児

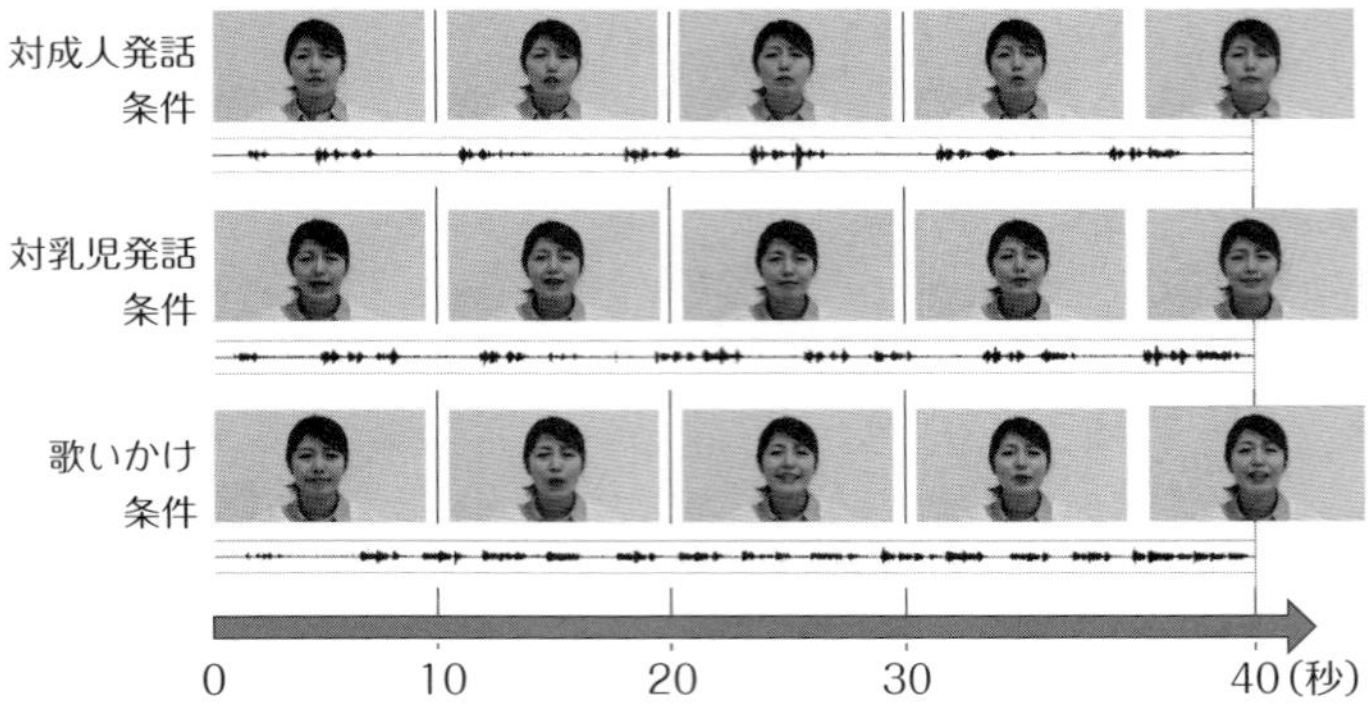

図3-13. 各条件の映像刺激と音声波形
出所：今福ら（2016）を改変

が観察する映像には、保育者である大人の女性が、対成人発話、対乳児発話、歌いかけのうちのどれかの発話スタイルで絵本の一節を朗読しているもの（図3-13）を使用し、映像視聴中の赤ちゃんの視線反応を、視線計測装置を用いて測定しました。その結果、発話スタイルの違いによって、話者に対する赤ちゃんの口注視行動が変化しました。すなわち、六ヶ月児と一二ヶ月児は、対成人発話条件と対乳児発話条件に比べて、歌いかけ条件で話者の口を長く注視することがわかりました（図3-14）。

なぜ、歌いかけのときに、赤ちゃんは話者の口を一番長く見たのでしょうか。その理由の一つに、視覚情報の顕著性が高かったことが考えられます。実際に、話者の口の動きを分析した結果、歌いかけ条件、対乳児発話条件、対成人発話条件の順で、口の運動変化量が大きい傾向でした。また、聴覚刺激の音響特徴を分析したところ、歌いかけ条件はほかの

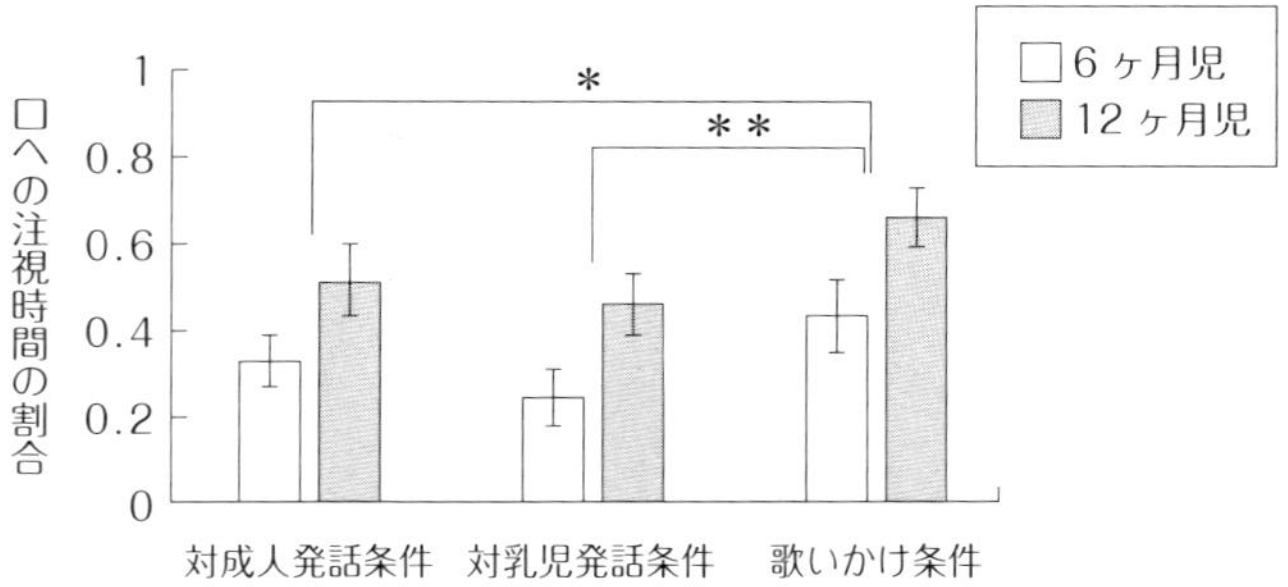

図3-14. 大人の発話スタイルと口への注視時間

注：** p <.01, * p <.05

出所：今福ら（2016）を改変

条件に比べて、平均周波数が高く、話速が遅く、周波数の範囲が狭い傾向にありました。歌いかけの誇張された口の動きや音響特徴が、話者の口元の顕著性を高めた結果、赤ちゃんは歌いかけている話者の口を最も長く見たと考えられます。先述したように、話者の口を見ることは、赤ちゃんのことばの発達に効果的です(Imafuku & Myowa, 2016 ; Young et al., 2009)。したがって、歌いかけによる赤ちゃんとのかかわりは、発話の視覚情報の利用を促進し、ことばの発達に寄与する可能性があります。

また、歌いかけは、赤ちゃん—大人—モノの三項関係の構築に影響を及ぼすかもしれません（大橋ら、二〇一四）。大橋らは、一二〜一三ヶ月の赤ちゃんを対象に、大人による絵本の読み聞かせ方の違い、つまり、対成人発話、対乳児発話、歌いかけの場合によって、顔や絵本に対する赤ちゃんの注意の向け方にどのような影響がみられるかを、視線計測装置を用いて検討しました。その結果、歌いかけのときに、赤ちゃんは絵本を読んでいる大人の顔を最も長く注視しました。顔は、読み手の心的状態が表れます。したがって、歌いかけによる絵本の読み聞かせが、読み手の心的状態と絵本を関連させて理解することを促す可能性を示唆します。

歌いかけの効果は、ことばの発達に限りません。歌いかけには、ストレス反応の指標であるコルチゾール値を収斂させて、赤ちゃんの覚醒度を安定させ、注意を維持する効果があります（Nakata & Trehub, 2004 ; Shenfeld et al., 2003）。乳幼児期の感情の制御や注意機能は、後の実行機能や自己制御などの認知能力の発達や問題行動と関連します（Feldman, 2009）。歌いかけによる赤ちゃんとのかかわりは、安定した内部状態を基盤とした発達を支えるのに有効であるかもしれません。

8 赤ちゃんに語りかける養育者の脳

子育てにおいて、対乳児発話や歌いかけはあらゆる国や文化でみられるようです。アマノらは、子どもが〇～五歳の期間に、およそ一ヶ月おきに母子の相互作用を観察し、お母さんの発声を分析しました（Amano et al., 2006）。その結果、子どもが生後一八～二四ヶ月の二語文を話しはじめる前後の期間に、お母さんの発声の基本周波数（最も低い周波数成分）が変化することがわかりました。つまり、二語文が始まる前には、お母さんは子どもに対して

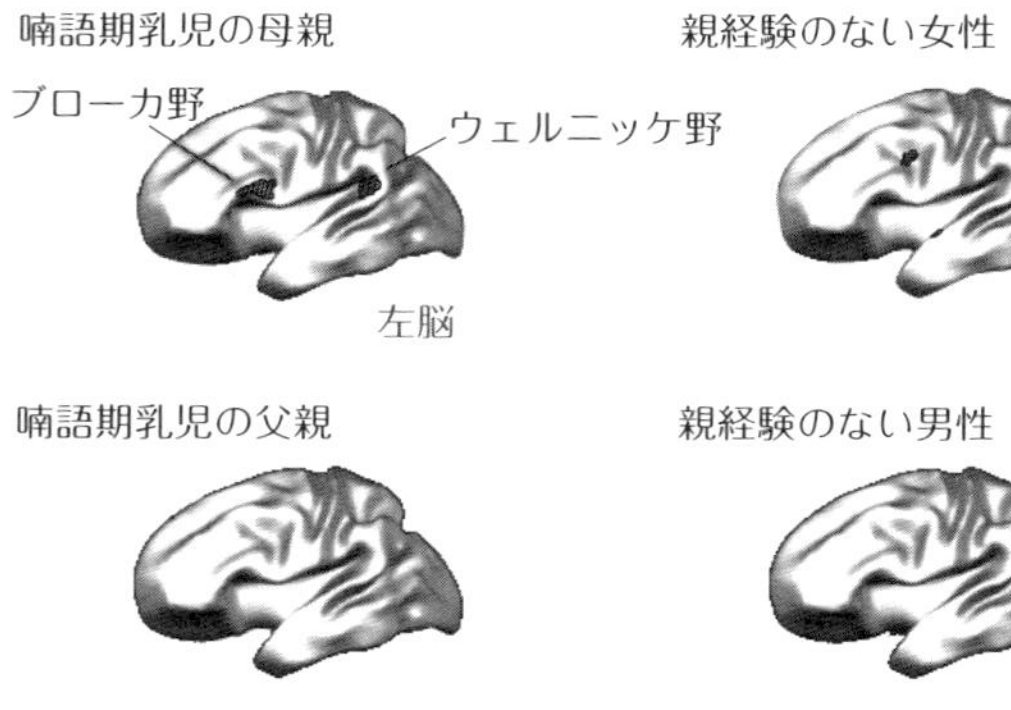

図3-15. 対乳児発話を聞いたときの脳活動
注：黒い部分が脳活動がみられた部分を示す
出所：松田（2014）を改変

高い声で話しかけ、二語文が始まった後にはそれほど高い声で話しかけないようです。養育者は、子どもの発達段階に応じて語りかける音声のピッチを調整しているのです。

養育者が行う独特な語りかけの背後には、どのような神経基盤があるのでしょうか。マツダらは、養育経験のない成人男性と女性、生後八ヶ月前後（喃語期）の赤ちゃんをもつお父さんとお母さん、二語文を話す幼児のお母さん、小学一年生の児童をもつお母さんを対象に、対乳児発話を聴取しているときの脳活動を、ｆＭＲＩを用いて測定しました（Matsuda et al. 2011：図3-15）。その結果、生後八ヶ月前後の赤ちゃんをもつお母さんでは、ことばを聞くことにかかわるウェルニッケ野と、ことばを話すことにかかわるブローカ野において、大きな脳活動がみられました。

しかし、それ以外の対象者では、当該領域の大きな脳活動はみられませんでした。生後八ヶ月前後の赤ちゃんをもつお母さんは、対乳児発話を発声する経験が多いと考えられます。したがって、対乳児発話に対する脳の感受性も高くなるのです。さらに、発話の運動にかかわるブローカ野の活動は、社交性や活動性の高さにかかわる外向性が高い人ほど強くなりました。これは、よく赤ちゃんにかかわろうとする性格特性（パーソナリティ）をもつお母さんほど、赤ちゃんに対してことばを伝えようとしていることを暗示しています。同様に、お母さんの対乳児発話に対する感受性の高さは、日常場面で「わんわん」などの育児語を使用する頻度の多さと関連します（Tanaka et al., 2014）。育児に対応した脳は、赤ちゃんとのかかわりの中で育まれるのかもしれません。

また、うつ傾向が強いお母さんは、生後三〜四ヶ月の自分の子どもに対乳児発話で語りかける時間が少なく、子どもの発声に応答するのも遅いそうです（Bettes, 1988）。対乳児発話は、乳児期における音韻や語彙の獲得を促すため、うつ傾向が強いお母さんによる対乳児発話の使用の少なさは、赤ちゃんのことばの発達に負の影響を及ぼす可能性があります。

ことばは、赤ちゃんが音声や発話を見聞きし、発声することで発達します。大人の語りかけは、赤ちゃんがことばを学ぶ環境になるのです。ことばが発達するしくみを理解して、より良いことば環境をつくることが、大人の重要な役割です。

第4章　なぜ子育て環境が心の発達に大切なのか

1　胎児期の環境と発達

ここまで紹介してきたように、心の発達は生後早期から始まっているようです。同様に、どのような環境で過ごすかによって、子どもの発達は大きく左右されると考えられます。生後の環境が発達に及ぼす影響について、事例をあげながらみていきましょう。

ヒトの脳の発達をみてみると、脳は生まれるまでの間に加速度的に発達します。チンパンジーの胎児の脳体積の発達と比べると、その差異が明確になります（Sakai et al., 2012：図4-1）。ヒトの出生時は脳の重さはおよそ四〇〇グラムですが、その後、成人ではおよそ一四〇〇グラムになります。このように、脳の構造や機能がめまぐるしく発達する時期において、環境での経験はどのような影響を及ぼすのでしょうか。

近年、医学系の分野において、発達初期の環境が成人期以降の疾病リスクに影響を及ぼすという考え方が提唱されています。ＤＯＨａＤ（developmental origins of health and disease）仮説です。ＤＯＨａＤ仮説とは、胎児期の環境が成長後の健康・疾病リスクにかかわるという考えで、たとえば、お母さんが肥満傾向、もしくは痩せ傾向にあると、胎児に届く栄養が偏り、将来的に肥満や生活習慣病のリスクが上昇します。

お母さんが摂取したものは、胎盤を通じて胎児に届きます。したがって、健康を害するも

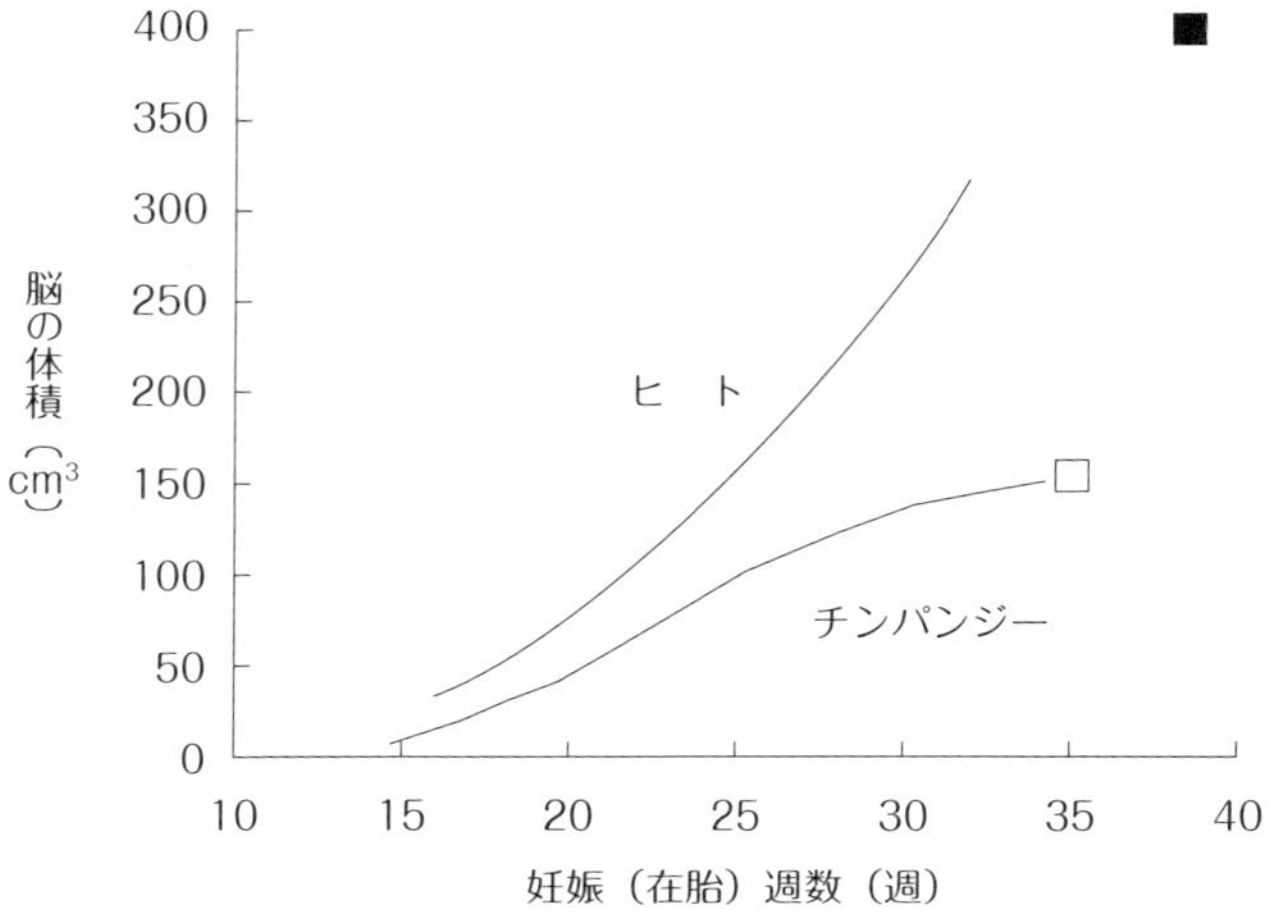

図４－１．胎児期におけるヒトとチンパンジーの脳体積の変化

注：■はヒトの新生児

□はチンパンジーの新生児

出所：Sakai et al.（2012）を改変

のが取り込まれると、胎児にも悪い影響がでる可能性があるのです。たとえば、お母さんが喫煙をするとどうでしょうか。喫煙によって、ニコチンや一酸化炭素が胎児に運ばれます。これらの物質は、末梢血管の収縮をひきおこし、血流の悪化や血液中の酸素を奪う働きをします。

飲酒はどうでしょうか。お母さんがアルコールを摂取すると、胎児の血中のアルコール濃度が上昇し、胎児が先天性の異常である胎児性アルコール症候群になる可能性もあります。胎児性アルコール症候群では、子どもの発育遅延、中枢神経の障害（学習、記憶、注意の持続、コミュニケーションなどへの負の影響）、特異的顔貌（目が小さい、唇が薄いなどの顔の特徴）などの症状がみられます。

数々の研究成果をまとめたレビュー論文においても、胎児期に飲酒や喫煙にさらされた子どもは、不注意や衝動性に特徴づけられるＡＤＨＤの発症リスク、攻撃性の高さや犯罪などの問題行動、認知機能の低下のリスクが増加することが認められています（Huizink & Mulder, 2006）。これらの子どもへの影響は、一日にグラス一杯という軽度の飲酒や、お母さんが受動喫煙をした場合においても報告されています。このように、喫煙や飲酒は身体・脳の発達に負の影響を与える恐れがあります。また、飲酒や喫煙は、妊娠三七週未満で出生する早産や二五〇〇グラム未満という低出生体重での出生、流産などのリスク因子となります。

フェルドマンらは、一〇歳までの子どもの発達に影響を及ぼしうる四つの要因をあげています（Feldman, 2015）。①三つ子以上を出産する多産（multiple birth）、②お母さんの産後うつ（maternal postpartum depression）、③早産（prematurity）、④戦争や災害などによる反復性の心的外傷（repeated trauma）です。

多産の場合には、三つ子のうち一名が子宮内発育不全（intrauterine growth restriction：IUGR）になる割合が三分の二ほどあります。子宮内発育不全の子どもは、認知や社会性の発達が遅れ、問題行動がみられやすくなります。反復性の心的外傷では、たとえば戦争を経験するとストレス耐性が弱くなり、心的外傷後ストレス障害（post-traumatic stress disorder：ＰＴＳＤ）や精神疾患にかかる可能性が高くなります。ここからは、産後うつと早産について、詳しく述べていきたいと思います。

2　産後うつが赤ちゃんの発達に及ぼす影響

産後うつは、お母さんが出産後に発症するもので、不安、緊張、抑うつ感、罪悪感などの精神症状と疲労感、頭痛、食欲不振などの身体症状がみられます。産後うつは、およそ一〇～一五％のお母さんが経験します（O'Hara & Swain, 1996）。産後うつの原因としては、育児にともなう不安や悩みなどのストレスや身体的な疲労、配偶者のサポートの欠如などがあげられます。さらに、産後はホルモンバランスの急激な変化が起こります。たとえば、女性ホルモン（エストロゲンやプロゲステロン）は、妊娠後に多く分泌されるようになりますが、産後は女性ホルモンの分泌量が大きく低下します。女性ホルモンの減少は、セロトニン、ドーパミン、ノルアドレナリンなどの神経伝達物質の働きに負の影響を与えます。神経伝達物質が不活性化すると、前頭葉の機能が落ちることで意欲や思考が低下してしまうのです。

そもそも、養育行動はどのように生じるのでしょうか（Swain et al., 2014：図４-２）。まず、養育者は赤ちゃんの見た目や肌触り、匂いなどの感覚刺激を受け取ります。このとき、感覚の受容にもとづく養育への動機づけが起こります（「①赤ちゃんへの注目」）。その後、赤ちゃんへの接触（タッチ）、発声、授乳などの「②反射的な養育行動」が行われます。赤ちゃん

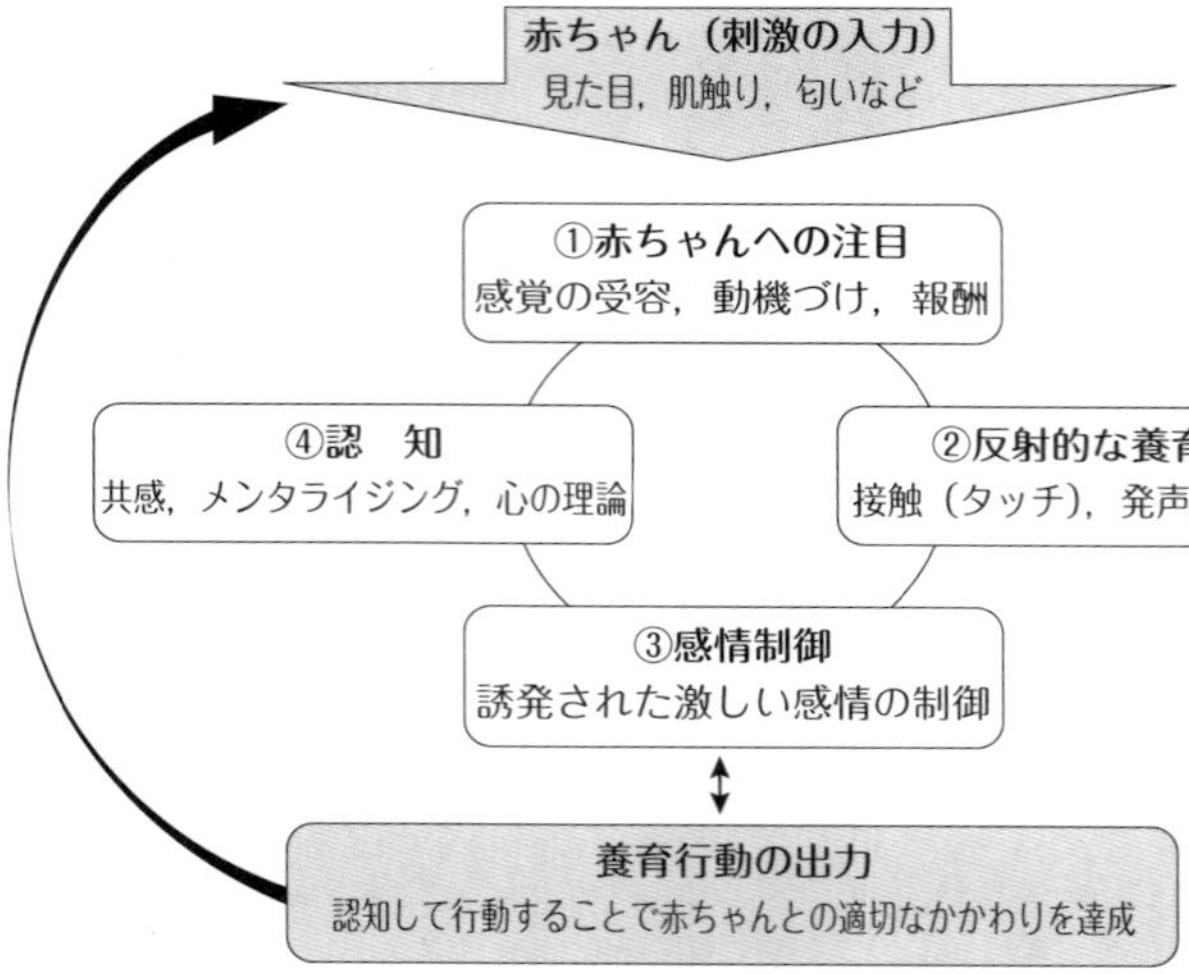

図４－２．養育行動の生起プロセス
出所：Swain et al.（2014）を改変

とのかかわりによって誘発された感情は、「③感情制御」をすることで対処する必要があります。最終的に、なぜ赤ちゃんが泣いているのか、もしくは笑っているのかなどの状態を把握するために、共感や心の理論などを通して「④認知」します。このようなプロセスが正常に機能することによって、適切な養育行動が行われるのです。

では、産後うつは、養育行動にどのような影響をもたらすのでしょうか。はじめて子どもを出産した初産のお母さんとその五ヶ月児を対象に、お母さんの子どもとのかかわり方とうつ症状との関連が調べられました（Musser et al., 2012）。まず、いつもどおりお母さんが子どもと二分間かかわった後に、次の二分間はお母さんが無表情のまま子どもとかかわります。最後の二分間は、お母さんがいつもどおり子どもとかかわろうとします。このとき、お母さんが無表情になると、たいていの子どもは不快な情動状態になります。その結果、うつ症状の強いお母さんは、最後の二分間に子どもの不快な情動状態を軽減する行動をとることがむずかしい傾向にありました。また、うつ症状が強いお母さんでは、対乳児発話をすることや発話自体の頻度が少なく、授乳や寝かしつけなどの行動についても頻度が少ないことがわかりました（Paulson et al., 2006 ; Robb, 1999）。うつ症状が強いお母さんは、養育行動が特異になる傾向があるようです。

近年、産後うつのお母さんの脳活動を測定することで、その神経学的基盤が明らかになってきました。初産のうつのお母さんと健康なお母さんを対象に、生後一五～一八ヶ月になる自分の子どもと他人の子どもの表情を観察中の脳活動を測定したところ、うつのお母さんでは、自分の子どもの喜びの表情を観察したときに、共感や感情の認識にかかわる眼窩前頭皮質と島皮質（図２-２）の活動が低いことがわかりました（Laurent & Ablow, 2013）。うつのお母さんにみられるこのような脳機能の異質性は、子どもの養育への動機づけを低下させたり、感情を親子で共有する機会などを奪うことにつながると考えられます。

実際に、産後うつは子どもの発達にどのような影響を及ぼすのでしょうか。産後うつのお母さんをもつ九ヶ月児では、笑顔の表出が少なく、ネガティブな感情をコントロール（抑制）するのがむずかしいようです（Feldman et al., 2009）。産後うつのお母さんと赤ちゃんの

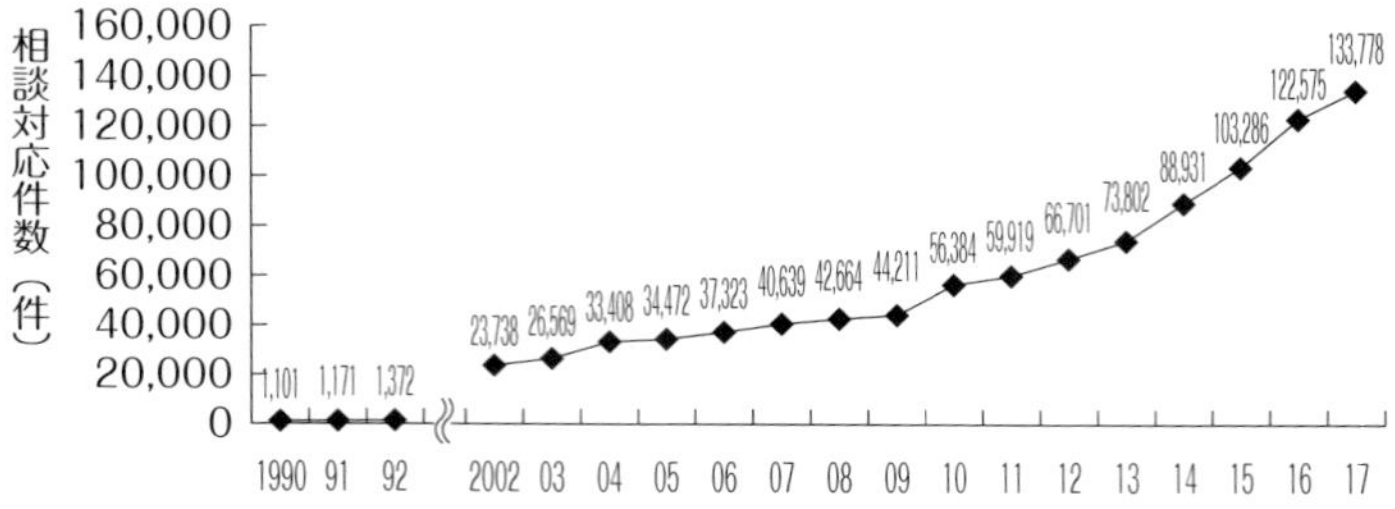

図４－３．児童虐待相談対応件数の推移

出所：厚生労働省（2018a）を改変

かかわりでは、アイコンタクトや身体接触という、母子の同調的な行動が少なくなります。また、子どもが六歳の時点では、お母さんが慢性的にうつ症状を抱える場合に、そうでない場合と比べて、小学校入学時に精神疾患を発症するリスクが四倍にもなり、およそ六〇％の子どもが心配や恐怖を過度にかかえる不安障害や反社会的で攻撃的な行動をとる行為障害にかかるそうです（Apter-Levy et al., 2013）。小学校にあがる児童期において、うつのお母さんの子どもは、他人の痛みを自分のことのように感じる情動的共感（第2章6節参照）が低く、ひきこもりになりやすいうえに、学業成績にも芳しくない影響を与えることがわかっています（Feldman, 2015；Pratt et al., 2017）。このように、出産後のお母さんの精神的な健康は、子どもの発達に長期的な影響を及ぼすのです。

産後うつは、子どもへの虐待につながる場合も少なくありません。全国二一〇ヶ所の児童相談所が児童虐待相談として対応した件数は、二〇一七（平成二九）年度で一三万三七七八件におよび過去最多の件数になっています（図４-３）。

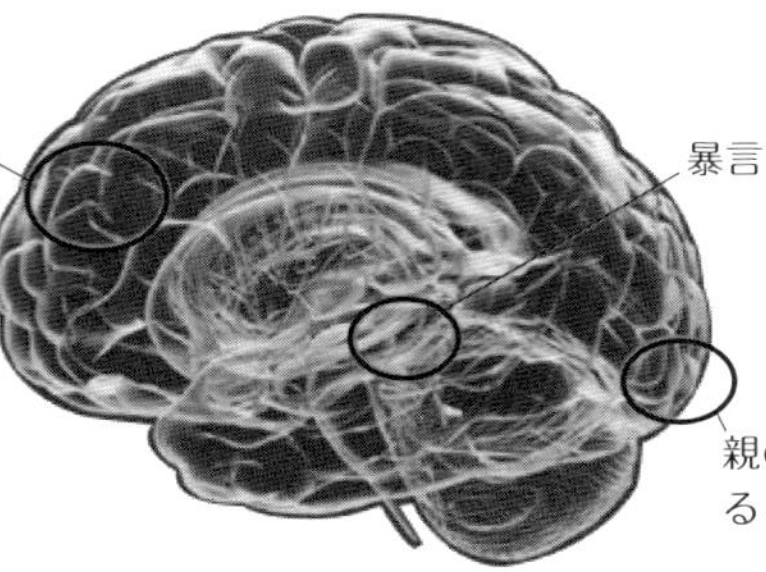

図4-4．虐待経験者の脳容積の変化
出所：友田（2016）を改変

虐待には、①殴る、蹴る、投げ落とす、激しく揺さぶるなどの身体的虐待、②子どもへの性的行為、性的行為を見せる、ポルノグラフィの被写体にするなどの性的虐待、③家に閉じ込める、食事を与えない、重い病気になっても病院に連れて行かないなどのネグレクト、④ことばによる脅し、無視、きょうだい間での差別的扱い、子どもの目の前で家族に対して暴力をふるうなどの心理的虐待、の四種類があります。二〇一七年度は、心理的虐待が最も多く、次いで身体的虐待、ネグレクト、性的虐待の順で件数が多いようです。

虐待を受けた経験は、脳の発達に多大な影響を及ぼします（友田、二〇一一、二〇一六：図4-4）。たとえば、暴言などの心理的虐待を受けた子どもは、ことばを産出する領域とことばを理解する領域の間を結ぶ弓状束の神経線維が異質であり、聴覚野の一部である上側頭回灰白質の容積がおよそ一四％増加していました。これは、シナプスの刈り込みがうまくいかなかったために生じると考えられています。神経細胞同士が過度に結びついていると、情報の伝達に不具合が生じ、ことばでのコミュニケーションに支障がでてくると考えられます。身体的虐待・厳しい体罰を受けると、前頭前野の中でも相手の心的状態を推測することにかかわる内側前頭皮質が小さくなります。この領域の異常は、先述した行為障害や抑うつなどになりやすい感情障害とかかわるようです。夫婦間のＤＶを目撃して育つと、視覚野が縮小します。また、性的虐待を受けると、受けていない人に比べて、視覚野の中でも顔の認知などにかかわる紡錘状回がおよそ一八％も小さくなります。友田（二〇一六）は、「性的虐待被害者の左の視覚野が小さくなっているのは、詳細な画像や映像を見ないですむように無意識下の適応が行なわれたのかもしれない」と述べています。

虐待を含む不適切な養育のことをマルトリートメントと呼びます。マルトリートメントは、子どもの脳の発達に大きなダメージを与え、さまざまな問題行動へとつながるのです。マルトリートメントを引き起こす原因としては、養育者の育児不安やうつなどの精神的な不安、社会経済状況や育児について相談できる人がいないことといった家庭を取り巻く問題などが考えられます。子どもの発達を支える家庭環境をより良いものにすることが、今求められているのです。

3　早産の赤ちゃんと社会性の発達

妊娠二二週から出生後七日までの期間を周産期といいます。この周産期に、特異な環境で過ごす子どもがいます。早産の赤ちゃん（以下、早産児）です。通常、赤ちゃんは妊娠三七週〇日〜四一週六日で生まれ、この期間に生まれた赤ちゃんを満期産児と呼びます。一方、早産児は妊娠三七週未満で出生し、満期産児が母胎内で過ごす時期を胎外で過ごします。

医療技術の進歩によって、早産児や出生時の体重が二五〇〇グラム未満である低出生体重児の死亡率は減少傾向にあります（Saigal & Doyle, 2008）。特に、二〇一七年の推計によると、日本では生後二八日未満で死亡した赤ちゃんの割合は千人あたり〇・九人であり、「日本は赤ちゃんが世界一安全に生まれる国」になりました。

その一方で、世界では早産児の出生率が増加傾向にあります。二〇一〇年の時点で、一七一ヶ国における早産児の平均出生率は全体の一一・一％にのぼり、ヨーロッパ諸国で約五％、アフリカ諸国で約一八％でした（Blencowe et al., 2012）。日本における早産の出生率は、一九八〇年には全出生件数の四・一％であったのに対し、二〇一〇年には五・六％と増加しています。同様に、低出生体重児は一九七五年には全出生件数のうち男児で四・七％、女児で五・五％であったのに対し、二〇一六年には男児で八・三％、女児で一〇・六％と増加しています（厚生労働省、二〇一八b）。

早産児や低出生体重児は長期的にみると数々の発達上のリスクが存在する可能性があります。たとえば、満期産児と比べた場合に、早産児では社会的認知やことばの発達に問題を抱えることがより多くあります。さらに、大規模フォローアップ研究では、周産期に重篤な疾患をもたない早産児においても、学齢期を迎える頃に、問題行動（内在化問題、外在化問題）、学業成績の低下、実行機能の遅れなどのリスクを抱えやすいことが示されています（Aarnoudse-Moens et al., 2009）。内在化問題は過度な不安や抑うつなどの自分の中に問題が生じるものを指し、外在化問題は攻撃行動や規範に違反する反社会的行動などの外にあらわれるものを指します。

また、早産児ではＡＤＨＤや学習症（learning disorders：LD）などの神経発達症（第2章8節参照）のリスクが、満期産児に比べて二～四倍も高いことが報告されています（Johnson et al., 2009：Lindström et al., 2011）。同様に、一九八〇～二〇〇一年に出生した早産児では、自閉症の罹患率は在胎週数が短いほど高くなる傾向にあり、在胎週数二三～二七週で出生した早産児では満期産児の約三倍でした（D'Onofrio et al., 2013）。

したがって、早産児の発達にかかわる生後早期の指標を発見することは、その後の発達を支えるうえで重要な課題です。しかし、早産児の社会的認知やことばについて、特に赤ちゃんの時期の特徴は知見が少ないのが現状です。このような現状を解決するためには、早産と満期産の赤ちゃんを対象として、社会的認知やことばの発達にかかわる早期の特徴と、その個人差を明らかにする必要があります。早産児と満期産児の発達的特徴の比較を行う場合には、成熟をそろえるために「修正齢」が使われます。修正齢は、出生予定日である妊娠四〇週から数えた年齢です。

他者との相互作用を観察した研究では、早産児は他者に対して、満期産児と異なる行動特徴を示すことが明らかになっています（De Schuymer et al., 2012 ; De Schuymer et al., 2011 ; Harel et al., 2010）。たとえば、在胎二八～三四週で出生した修正齢四ヶ月と六ヶ月の早産児は、満期産児に比べて他者の顔から視線を逸らす頻度が多いことがわかっています（De Schuymer et al., 2012）。さらに、在胎二六～三二週で出生した修正齢九ヶ月の早産児では、満期産児に比べて実験者が視線を向けた先の物体に対する注視時間が少ないようです（De Schuymer et al., 2011）。

私たちは、修正齢六、一二ヶ月の早産児と満期産児を対象に、赤ちゃんの社会的注意（第2章8節参照）を視線計測装置を用いて評価しました（Imafuku et al., 2017）。具体的には、人と幾何学図形のどちらに興味があるのかを調べる「人と幾何学図形の選好課題」と、相手の視線方向を追う頻度を調べる「視線追従課題」を行いました。

研究の結果、修正齢六、一二ヶ月の時点で、早産児は満期産児に比べて、①人に対する興味関心が低い可能性、②視線追従の頻度が低いこと、がわかりました（図4-5）。これらは、

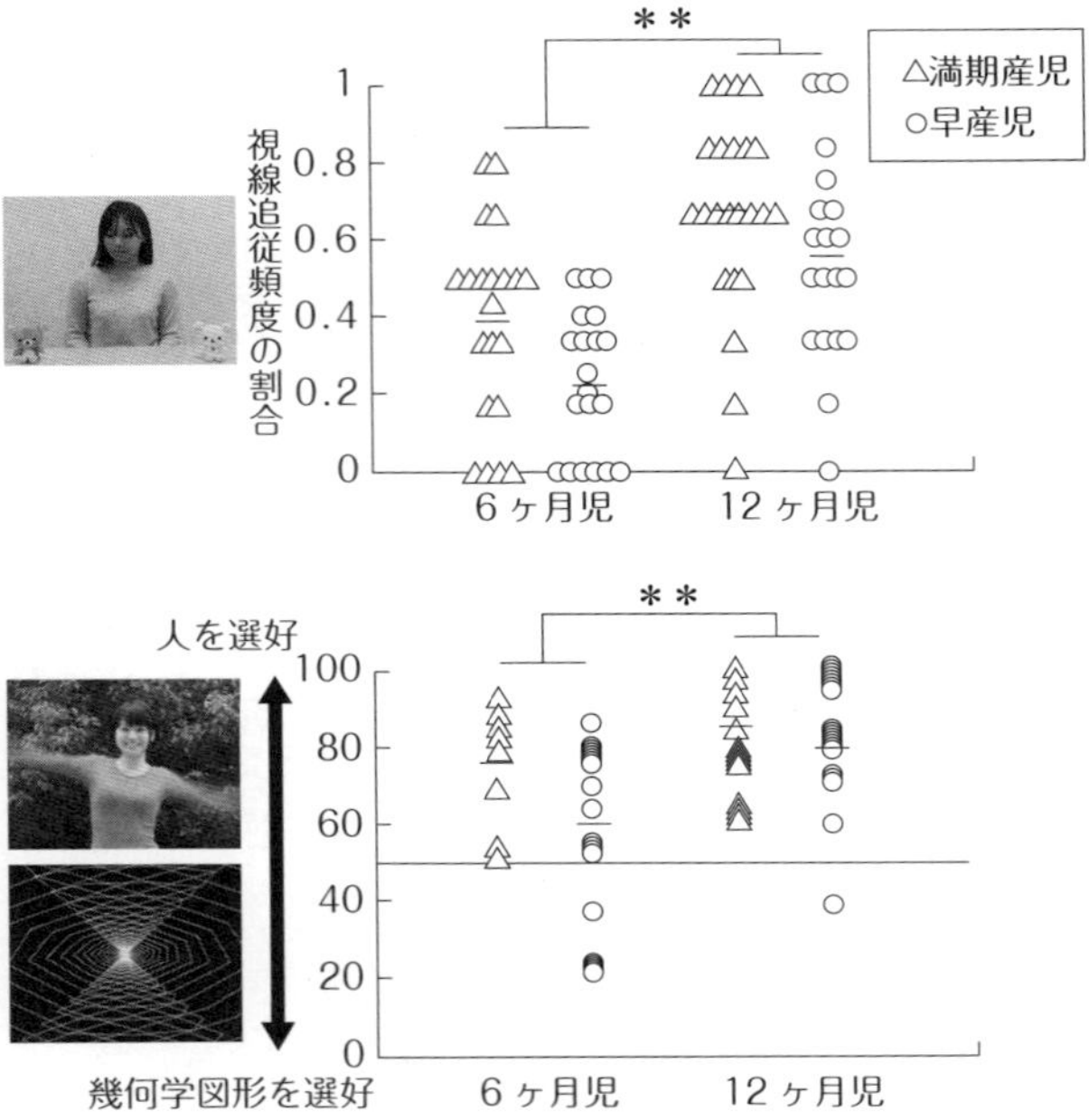

図４-５．満期産児と早産児の他者に対する注意機能の違い

注：$^{**}p<.01$

出所：Imafuku et al.（2017）を改変

先にあげた先行研究の知見と一貫するものです。視線反応を指標とした社会的注意の評価は、相互作用の研究に比べて、実験条件を統制できるメリットがあります。乳児期の社会的注意の個人差をみることで、赤ちゃんの発達を評価し、支援につなげることができるかもしれません。

4　早産の赤ちゃんとことばの発達

早産児では、ことばの発達にもリスクがある場合があります。たとえば、満期産児に比べて、在胎二八〜三二週で出生した早産児は二歳までの理解できる語彙や話せる語彙の数が少ないようです（Foster-Cohen et al., 2007；Sansavini et al., 2011）。また、在胎二八週未満で出生した六歳の早産児においても、語彙の理解や産出、文法知識に問題がみられる場合があります（Wolke et al., 2008）。

早産児で言語獲得の過程におけるリスクが高い原因の一つとして、脳構造の成熟の非定型性があげられます。出生予定日の時期に早産児と満期産児の脳構造を比較した研究では、脳に重篤な損傷がない早産児においても、満期産児に比べて、白質や灰白質（第1章6節参照）の体積が少ないことが示されています（Inder et al., 2005；Peterson et al., 2003）。灰白質の大部分は、左角回や多感覚情報の統合に関与する脳領域を含み、読解などの複雑な言語機能との関連が示唆されています（Li et al., 2014）。したがって、このような早産児と満期産児の脳構造の差異は、ことばの発達に影響すると考えられます。早産児は、出生後の期間を集中治療室（neonatal intensive care unit：NICU）で過ごします。ＮＩＣＵは医療機器などによって約五〇dBのノイズ音が存在する環境です。これは胎内で経験するよりも大きいノイズレベルであると考えられます（Livera et al., 2008）。このような周産期の異質な経験環境は、早産児のことばの知覚処理にかかわる脳機能の発達に影響を及ぼす可能性があるのです。

満期産児では、乳児期に口の動き（視覚情報）と音声（聴覚情報）が一致した発話を好む傾向が高いほど、ことばの発達が良好であるという報告があります（Altvater-Mackensen & Grossmann, 2015）。これは、発話の視聴覚情報を統合処理する能力が高いと、言語入力を効率よく行うことができるために、語彙理解の発達につながると考えられます。ピッケンズらは、修正齢三、五、七ヶ月の早産児と満期産児を対象に、発話者の口形と音声が一致した映像（一致発話）と不一致の映像（不一致発話）に対する選好を、選好注視法を用いて調べました（Pickens et al., 1994）。その結果、満期産児では三ヶ月児と七ヶ月児の時点で、不一致発話に比べて、一致発話を長く注視しました。一方で、早産児ではそのような選好の偏りはみられませんでした。この知見は、修正齢七ヶ月までの早産児は、発話の視聴覚統合処理の能力が特異であることを示しています。

早産児において視聴覚統合処理はどのように発達するのでしょうか。また、当該能力の個

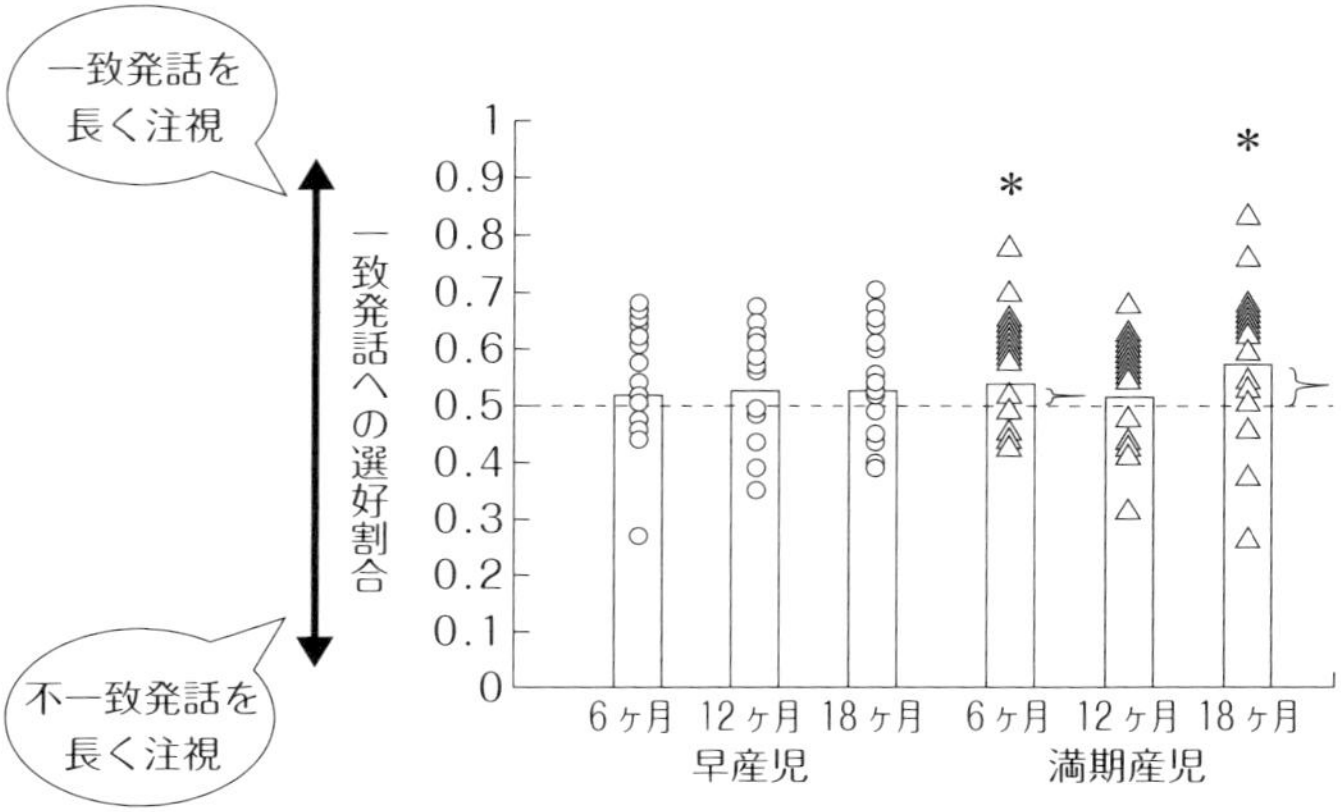

図4-6．満期産児と早産児の一致発話への選好割合

注：$^{*}p<.05$

出所：Imafuku et al.（2019）を改変

人差はことばの発達と関連するのでしょうか。私たちはこの問いに答えるために、修正齢六ヶ月の早産児と満期産児を修正齢一二、一八ヶ月まで追跡調査し、一致発話と不一致発話を左右に並べ、視線計測装置を用いて赤ちゃんの視線反応を調べました（Imafuku et al., 2019）。その結果、満期産児は六ヶ月児と一八ヶ月児の時点で一致発話を選好したのに対し、早産児では全般的に一致発話への選好がみられませんでした（図4-6）。本研究は、修正齢一八ヶ月でもなお、早産児では発話の視聴覚統合処理が特異である可能性を示します。

この調査には続きがあります。図4-6を見ておわかりのとおり、一致発話への選好割合には大きな個人差があります。この選好割合とことばの発達の関連を調べたところ、早

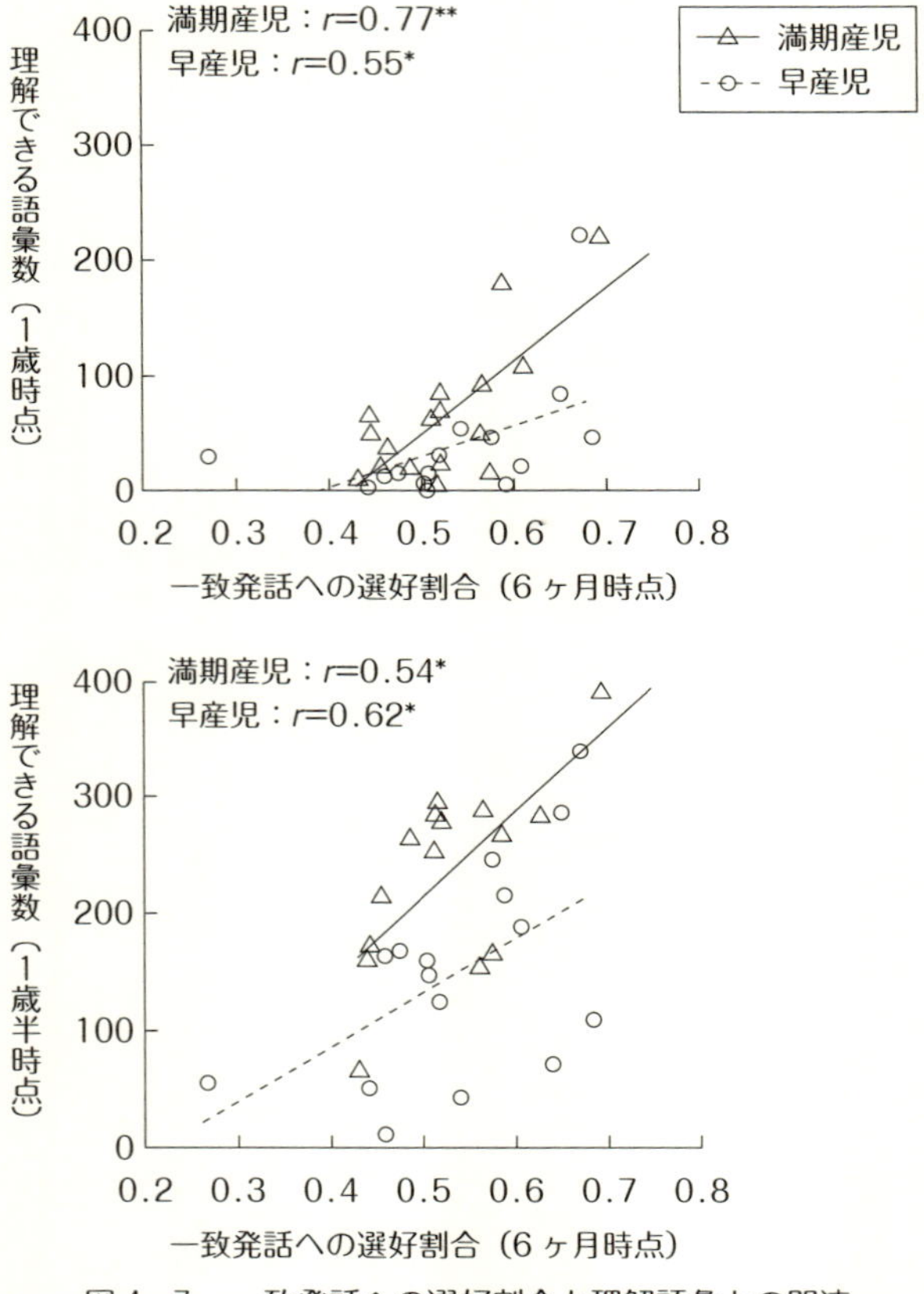

図4-7．一致発話への選好割合と理解語彙との関連

注：$^{**}p<.01$，$^{*}p<.05$

出所：Imafuku et al.（2019）を改変

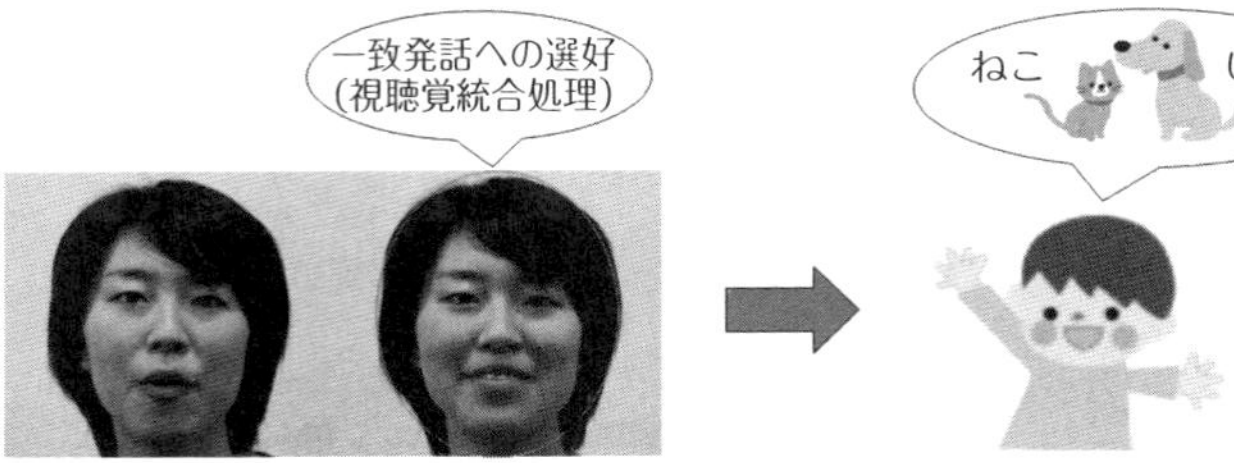

図４－８．生後６ヶ月の時点で視聴覚情報が一致する刺激を選好する赤ちゃんはその後の言語発達が良好である

産児と満期産児のどちらのグループでも、六ヶ月の時点で一致発話を選好した児ほど、一歳と一歳半の時点で理解できる語彙数が多いことがわかりました（図４-７）。修正半年の時点で、他者から語りかけられる際の視聴覚統合処理機能の評価によって、ことばの発達リスクを早期に特定しうるとすれば、早産児に対する早期からの発達支援に活かせる有効な指標となるかもしれません（図４-８）。

なぜ、早産児は口形と音声が一致した発話を選好しない傾向にあるのでしょうか。早産児は、脳が急速に発達する周産期に、ＮＩＣＵで人工的な光や音、痛みなどの刺激にさらされます。このような経験は、脳の発達に負の影響を及ぼすと考えられます。たとえば、出生予定日の時点の早産児と満期産児を対象に、対乳児発話を聴取したときの脳活動を、ＮＩＲＳを用いて計測した研究があります（Naoi et al., 2013）。その結果、早産児は満期産児に比べて、対乳児発話に対して右側頭皮質の脳活動が低く、左右の側頭皮質の機能的結合が強いことがわかりました。このような言語音声に対する特異な聴覚情報処理特性が、発話の視聴覚統合処理の発達に影響した可能性が考えられます。

また、話者の顔に対する注視時間を分析したところ、満期産児に比べて、早産児は顔を見る時間が短いことがわかりました。話者の顔を見る経験は、視聴覚統合処理の発達と関連することが指摘されています（Sekiyama & Tohkura, 1993）。たとえば、文化的に相手の顔を見ない傾向にある日本人では、アメリカ人に比べてマガーク効果（第3章4節参照）が起こりにくいようです。早産児は話者の顔を見る経験が少ないために、発話の視聴覚統合処理の発達が特異であるのかもしれません。

5　早産の赤ちゃんのリスク要因

早産児における発達の脆弱性や精神病理のメカニズムについて、その影響要因がいくつか議論されています（Montagna & Nosarti, 2016：図4-9）。早産は、遺伝要因、分娩合併症（胎盤早期剥離、胎児仮死による吸引分娩、骨盤位分娩）、その他の要因（母体の肥満度の指標であるＢＭＩ［body mass index］、飲酒、喫煙、高齢出産）などの複合的な原因によって起こるとされています。たとえば、ＢＭＩが二〇以下の痩せ傾向の女性の場合、正常体重の女性に比べて、自然分娩で早産に至るのは一・三二倍、低出生体重に至るのは一・六四倍でした

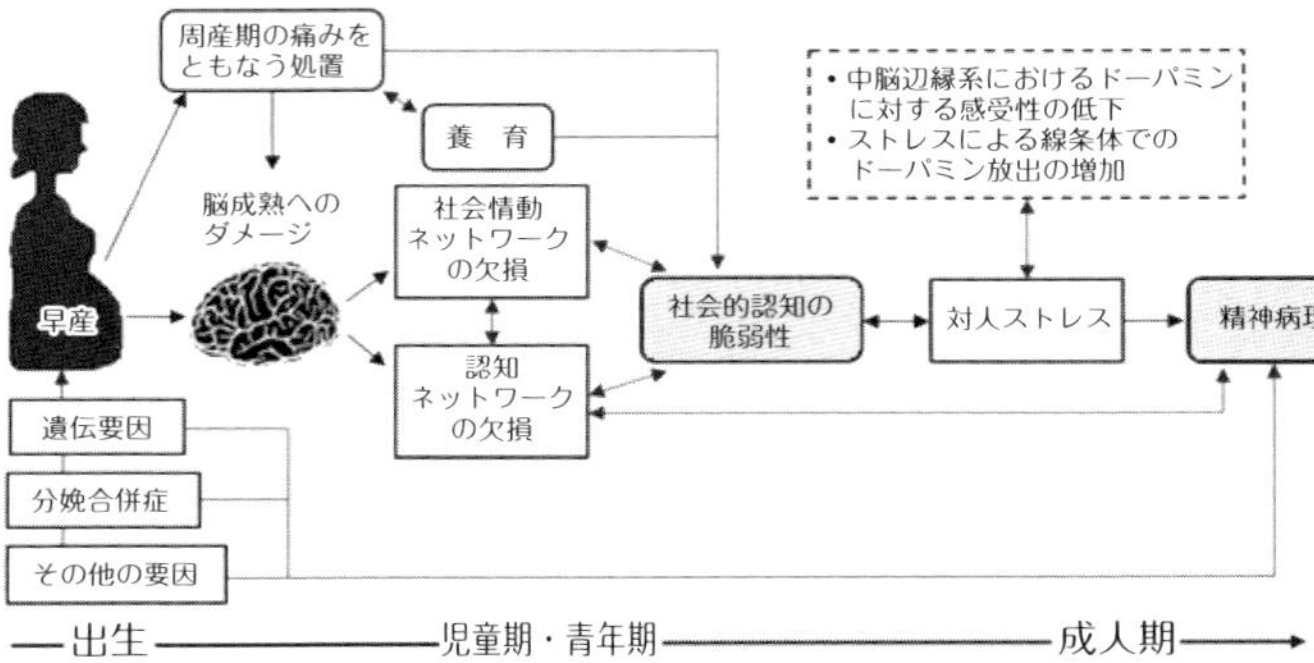

図4-9．超早産児（在胎32週未満の児）の社会認知の脆弱性と
精神病理にかかわる生物・環境要因
出所：Montagna & Nosarti（2016）を改変

（Han et al., 2011）。

早産での出生は、赤ちゃんにとって、本来は母体で過ごすはずの胎児期に外界にでることで、過度な光や医療機器のノイズなどの異質な経験環境への曝露、痛みをともなう処置などによるストレスにつながります。その結果、脳の社会情動ネットワーク（扁桃体、側坐核、視床下部、前帯状皮質、眼窩前頭皮質）や認知ネットワーク（背外側前頭皮質、海馬、基底核）の成熟に負の影響をもたらすと考えられます。

社会的認知が脆弱である子どもは、児童・青年・成人期に社会的排斥（仲間はずれ）や社会的挫折によって対人ストレスを受けるリスクが増加します。そのストレスが、報酬系回路として知られるドーパミン経路（図2-16）に影響を与えるのです。ドーパミン経路の障害は、早産児が成人になったときの精神病理に関連すると考えられます。このような理由で、早産児では社会的認知やストレス耐性（レジリエンス）に問題が生じるリスクが増加するのです。

生物学的リスクがある早産児では、子育て環境の影響も受けやすいと考えられます。また、早産を経験したお母さんでは、育児に対する不安や疲労感が高く、そのような精神的苦痛は子どもの在胎週数が短いほど強くなるようです（Carson et al., 2015；Henderson et al., 2016）。イギリスで行われた調査によると、早産や低出生体重で出生した子どもは両親からの身体的・性的・心理的虐待、ネグレクトを受けやすいようです。一方で、複数の研究成果をメタ分析した研究によると、子どもの行動に対して適切に応答する傾向は、早産児と満期産児のお母さんの間でそれほど違いがないとの見方もあります（Bilgin & Wolke, 2015）。いずれにせよ、早産を経験した養育者や家族の精神的ケアを行うしくみをつくることは喫緊の課題です。

6 ディベロップメンタルケア

この章の最後に、ディベロップメンタルケアについて紹介します。ディベロップメンタルケアとは、早産児や低出生体重児などに対して、外的ストレスを最小限に抑えることで成長や発達を促すケアのことです。

医療現場で注目を集めているものに、カンガルーケアがあります。カンガルーケアは、お母さんの胸元で新生児と皮膚を直接触れ合わせるケアです。近年、カンガルーケアが母子のどちらにも良い影響をもたらすことが報告されています。たとえば、フェルドマンらは、周産期にカンガルーケアを一四日間行ったところ、早産児の発達予後が一〇年間という長期にわたって改善することを示しました（Feldman et al., 2014）。具体的には、介入（カンガルーケアを行った）群では非介入（カンガルーケアを行っていない）群に比べて、子どもの自律神経系の機能や睡眠リズムの成熟が促進され、実行機能などの認知能力が向上しました。さらに、お母さんのうつ傾向が低下し、母子相互作用が良好になるなどの変化がみられました。

皮膚接触をともなう母子相互作用は、オキシトシン（第2章9節参照）と呼ばれるホルモンの放出を促します。オキシトシンは、ストレス反応を抑制する働きをします。また、養育に対する動機づけや感情の認識を促進する働きがあることが知られています。したがって、カンガルーケアにともなう母体のオキシトシン上昇が、お母さんのストレスや不安を低下させ、赤ちゃんに対する養育行動に良い影響を及ぼすと考えられます。ただし、カンガルーケアは事故の報告もあるため、医師の十分な指導のもとに行われる必要があります。

ＮＩＣＵの音環境にかんしては、歌いかけを用いた介入研究が臨床現場で行われており、成果をあげています。たとえば、早産で出生した新生児に対して、お母さんが歌いかけを交えて語りかけると、血中酸素飽和度や心拍が上昇し、児の臨界事象（低酸素血症・徐脈・仮死）が減少することが明らかになりました（Filippa et al., 2013）。加えて、入院中の大人の語りかけが多いほど、周産期において一二五〇グラム未満で出生した早産児の発声頻度が増加し、修正七、一八ヶ月児時点の認知・ことばの発達が良好であることが示されています(Caskey et al., 2011, 2014)。このような知見を踏まえて、今後どのような取り組みを医療現場や家庭教育でするべきかを考える必要があります。

第5章　心の発達から現代社会を考える

1　乳幼児教育と発達科学

乳幼児教育の現在

ここまで、発達科学や発達心理学の視点から、赤ちゃんの社会性、ことばの発達や、発達に影響する子育て環境についてみてきました。しかし、現代社会・教育におけるトピックも、心の発達と深いかかわりがあります。ここでは、第4章までの内容を踏まえ、現代の子どもたちを取り巻く重要概念について確認していきます。

二〇一九年の現在、乳幼児教育をめぐってはどのように変革しているのでしょうか。二〇一七年度に、保育所保育指針、幼稚園教育要領、幼保連携型認定こども園教育・保育要領の三つの法令が改定（訂）され、「育みたい資質・能力」と「幼児期の終わりまでに育ってほしい姿（以下、「10の姿」）」が示されました（厚生労働省、二〇一七ａ：文部科学省、二〇一七：文部科学省・厚生労働省、二〇一七）。この三法令が改定された背景には、それぞれの施設で、乳幼児期に同じように教育を提供し、保育所や幼稚園と小学校以降の教育を一貫させるねらいがあったようです。

「育みたい資質・能力」は、①豊かな体験を通じて、感じたり、気づいたり、わかったり、できるようになったりする「知識及び技能の基礎」、②気づいたことや、できるようになったことなどを使い、考えたり、試したり、工夫したり、表現したりする「思考力、判断力、表現等の基礎」、③心情、意欲、態度が育つ中で、よりよい生活を営もうとする「学びに向かう力、人間性等」、の三つの柱で構成されています。これらは、園での遊びの中においても育むことができると考えられています。たとえば、子どもたちは砂場遊びで、乾燥した白い砂でお団子をつくろうとしても固まらず、湿った黒い砂は固まることに気づき、この知識を試してお団子をつくろうとします。お団子だけでなく、砂のお城をつくるかもしれません。また、「もっと固いお団子をつくろう」「次はこれをつくろう」と意欲が出て、新たな遊びを生み出します。

「10の姿」には、①健康な心と体、②自立心、③協同性、④道徳性・規範意識の芽生え、⑤社会生活との関わり、⑥思考力の芽生え、⑦自然との関わり・生命尊重、⑧数量や図形、標識や文字などへの関心・感覚、⑨言葉による伝え合い、⑩豊かな感性と表現、の一〇の項目があります（文部科学省，二〇一六：図5-1）。これらは、保育内容の五領域（健康、人間関係、環境、言葉、表現）のねらい、および内容によって育まれるとされています。たとえば、健康の領域のねらいにある、「健康、安全な生活に必要な習慣や態度を身に付け、見通しを持って行動する」ことは、「自立心」にかかわります。人間関係の領域のねらいにある、「身近な人と親しみ、関わりを深め、工夫したり、協力したりして一緒に活動する楽しさを味わい、愛情や信頼感を持つ」ことは、「協同性」にかかわります。また、「社会生活におけ

図5-1．幼児期の終わりまでに育ってほしい姿（10の姿）
出所：文部科学省（2016）

る望ましい習慣や態度を身に付ける」ことは、「道徳性・規範意識の芽生え」にかかわるでしょう。

　心理学的な観点からみると、「10の姿」はどのように発達するのでしょうか。本書では、「10の姿」の中でも、対人関係にかかわる「協同性」「言葉による伝え合い」「道徳性・規範意識の芽生え」について紹介します。

「協同性」を育む

「協同性」は、「友達と関わる中で、互いの思いや考えなどを共有し、共通の目的の実現に向けて、考えたり、工夫したり、協力したり、充実感をもってやり遂げるようになる」ことです。「協同性」には、どのような発達的基盤が必要でしょうか。

　一つ目は、共同注意（第2章2節参照）です。共同注意は、他者と同じ目標を共有するために重要です。二つ目は、心の理論（第2章6節参照）です。他者の心の動きを理解することで、他者の視点に立って物事を推測することができます。

また、共同注意と心の理論は、発達的に関連します。生後一〇ヶ月のときの共同注意の能力が高いほど、四歳のときの心の理論の能力が高いことがわかっています（Brooks & Meltzoff, 2015）。このように、心の理論の萌芽は乳児期に存在し、共同注意などの経験を通して、他者の心の働きを推測する能力が徐々に発達していくと考えられます。

「協同性」にかかわるほかの例としては、共同行為が知られています（Sebanz et al., 2006）。共同行為とは、二人以上の人が、行為を時空間的に協調させることです。たとえば、二人でボタンを交互に押して行うゲームは、三歳までにできるようになります（Meyer et al., 2010）。共同注意や共同行為を含むかかわりや遊びをすることで、「協同性」が育つと考えられます。

さらに、子ども自身や周囲の人の気持ちをことばにする声かけも、「協同性」を育むために重要です。たとえば、子どもが三歳の時点で、気持ちを表す心的状態語（「嬉しいね」「悲しいね」「欲しい？」など）をお母さんが使用する頻度が多いほど、一年後の子どもの心の理論の発達が早い傾向にあります（Ruffman et al., 2002）。相手の行為や気持ちを理解し、共有する経験を通して「協同性」は育つのです。

「言葉による伝え合い」を育む

「言葉による伝え合い」は、「保育士等、もしくは先生や友達と心をかよわせる中で、絵本や物語などに親しみながら、豊かなことばや表現を身に付け、経験したことや考えたことなどをことばで伝えたり、相手の話を注意して聞いたりし、言葉による伝え合いを楽しむようになる」ことです。「言葉による伝え合い」を育むためには、どのようなかかわりをすればよいのでしょうか。

赤ちゃんを対象とした研究では、赤ちゃんの発声に対して養育者が即座に発声を返すことで、赤ちゃんの発声が増え、養育者の発声した音を学習するようになることが示されています（Goldstein et al., 2003 : Goldstein & Schwade, 2008）。乳児期はことばにならない音を発声し、学習する時期です。周囲の大人は赤ちゃんの発声を無視せずに、できる限りその発声に応えることが必要でしょう。

また、子どもとかかわったり、絵本などを読むときには、心的状態語を多く用いるようにするとよいと考えられます。子どもは周囲の大人のことばを真似しますので、適切な声かけをするように努めましょう。

「道徳性・規範意識の芽生え」を育む

「道徳性・規範意識の芽生え」とは、「友達とさまざまな体験を重ねる中で、して良いことや悪いことが分かり、自分の行動を振り返ったり、友達の気持ちに共感したりし、相手の立場に立って行動するようになる。また、きまりを守る必要性が分かり、自分の気持ちを調整し、友達と折り合いを付けながら、きまりをつくったり、守ったりするようになる」ことです。「道徳性・規範意識の芽生え」は、どのように育まれるのでしょうか。

道徳性とは、人々が善悪をわきまえて正しい行為をなすために、守り従わなければならない規範への意識などを指します。ピアジェが示した道徳の発達段階によると、五～一〇歳は善悪の程度を行為の結果によって判断し、一〇歳以降は善悪を意図や動機によって判断します（Piaget, 1932）。たとえば、ピアジェは、「ジャンという男の子がいました。ジャンは食事に呼ばれたのでドアを開けて食堂に入っていきますが、ちょうどドアの後ろにある椅子にコップを一五個のせたお盆がありました。ジャンはそんなことを知らずにドアを開けたため、コップが落ちてすべて割れてしまいました。」という物語を提示して、道徳性の発達について調べました。結果論では、ジャンは一五個もコップを割ったので悪いことをしたと判断されますが、動機論では、ジャンは行為を意図的に行っていないためにその行為は悪くないと判断されます。

道徳性の発達には、道徳的感情がかかわるという見方もあります（Greene & Haidt, 2002）。この道徳的感情は、生後一八ヶ月頃に生じはじめる自己意識がかかわる感情と深く関係します。道徳的感情には、恥、罪悪感、感謝などがあります。たとえば、罪悪感は規範から逸脱した場合に経験され、この感情によって社会の規範から外れた逸脱行為を行わなくなったり、他人の逸脱行為を抑止することができます。

道徳性にかかわるもう一つの要因として、共感（第2章6節参照）があります。共感には、他者が感じたことを感じるという情動的共感と、他者の立場に立って心的状態を推測する認知的共感があります。小・中学生を対象に、攻撃行動という道徳性から逸脱した行為の抑制に共感が関連するかどうかが調べられました（村上ら、二〇一四）。その結果、小・中学生ともに、他者と感情を共有する傾向が強い人ほど、向社会行動（第2章7節参照）をより多くすることがわかりました。攻撃行動の少なさにおいては、小学生では情動的共感にかかわる感情を共有する傾向の強さが、中学生では認知的共感にかかわる視点取得の能力の高さがそれぞれ関連しました。これは、小学生と中学生で攻撃行動と関連する共感の側面が異なることを示唆しています。

道徳性の萌芽については、六ヶ月児が「正義感」をもつ可能性が実証されました（Kanakogi et al., 2017）。また、私たちは発達の過程で周囲の人から影響を受けます。たとえば、バンデューラは、暴力的にふるまう大人を見ると、その暴力的な言動を子どもが模倣することを示しています（Bandura, 1977）。生後早期にみられる道徳性の萌芽が、経験を通してどのように変容するのかについて、その過程を解明することが今後の課題です。「道徳性・規範意識の芽生え」をどのように育むのか、具体的な教育方法を考えるときがきています。

「10の姿」を科学的にとらえる

これまで、対人関係にかかわる「10の姿」について、その背後にある能力を心理学の観点

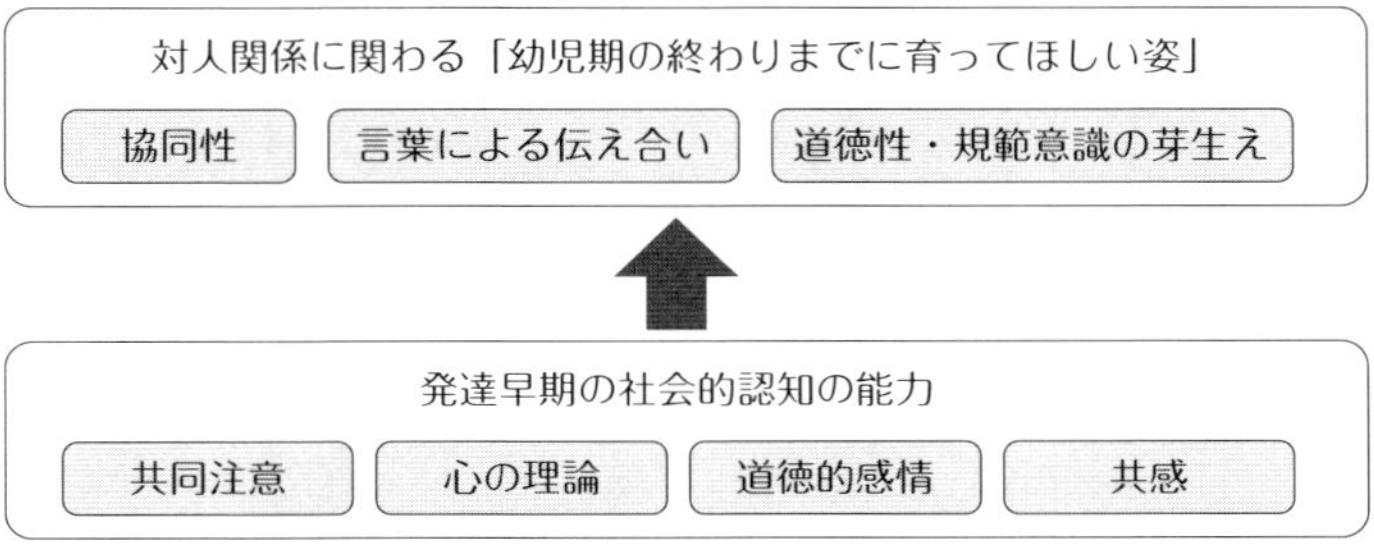

図５-２．社会的認知の発達から「育ってほしい姿」をとらえる

から述べてきました。私は、「協同性」「言葉による伝え合い」「道徳性・規範意識の芽生え」は、社会的認知の発達や変容の過程からとらえることができると考えています（図5-2）。これはあくまで現時点での試論であり、不完全なものであることを申し添えたいと思いますが、先述したように、共同注意や心の理論は「協同性」の育ちにかかわり、周囲の大人が乳児の発声に対して即座に声かけをしたり、心的状態語を用いることは「言葉による伝え合い」の育ちにかかわり、道徳的感情や共感は「道徳性・規範意識の芽生え」の育ちにかかわると考えられます。

　このように実証研究にもとづくさまざまな知見が積みあげられつつある今、乳幼児教育では、データから得られた科学的根拠（エビデンス）をもとに教育プログラムを体系化、具体化していく必要があると考えます。発達科学や発達心理学の分野で実証された知見を「10の姿」と照合することで、乳幼児教育を再考する契機になればと思います。

2 現代の学校・家庭が抱える課題

児童期から青年期の発達

「10の姿」も保幼小の連携の一環として作成されていますが、そもそも保幼小の連携にはどのような目的があるのでしょうか。主には、保育所・幼稚園から小学校への円滑な移行があげられます。また、乳幼児教育と小学校教育について、教員がお互いをよく理解して教育につなげることも目的の一つです。

小一プロブレムをご存じでしょうか。小一プロブレムとは、小学校に入学した一年生が、学校生活に適応できないために起こす問題行動のことを指します。具体的には、小学一年生の児童において、集団行動をとれない、授業中に席に座っていられない、先生の話を聞かないなどの状態が継続することをいいます。

小一プロブレムの原因としては、自分の感情を制御する能力が身についていないことなどが考えられるそうです（文部科学省、二〇一二）。保育所・幼稚園から小学校という学校移行を経験することによる環境の変化もあるでしょう。遊びが中心であった保育所・幼稚園の生活から、静かにじっと座って先生の話を聞く生活に移行することで、ストレスをため込みやすくなると考えられます。学校移行が円滑に行われる環境づくりを行うことが望まれます。

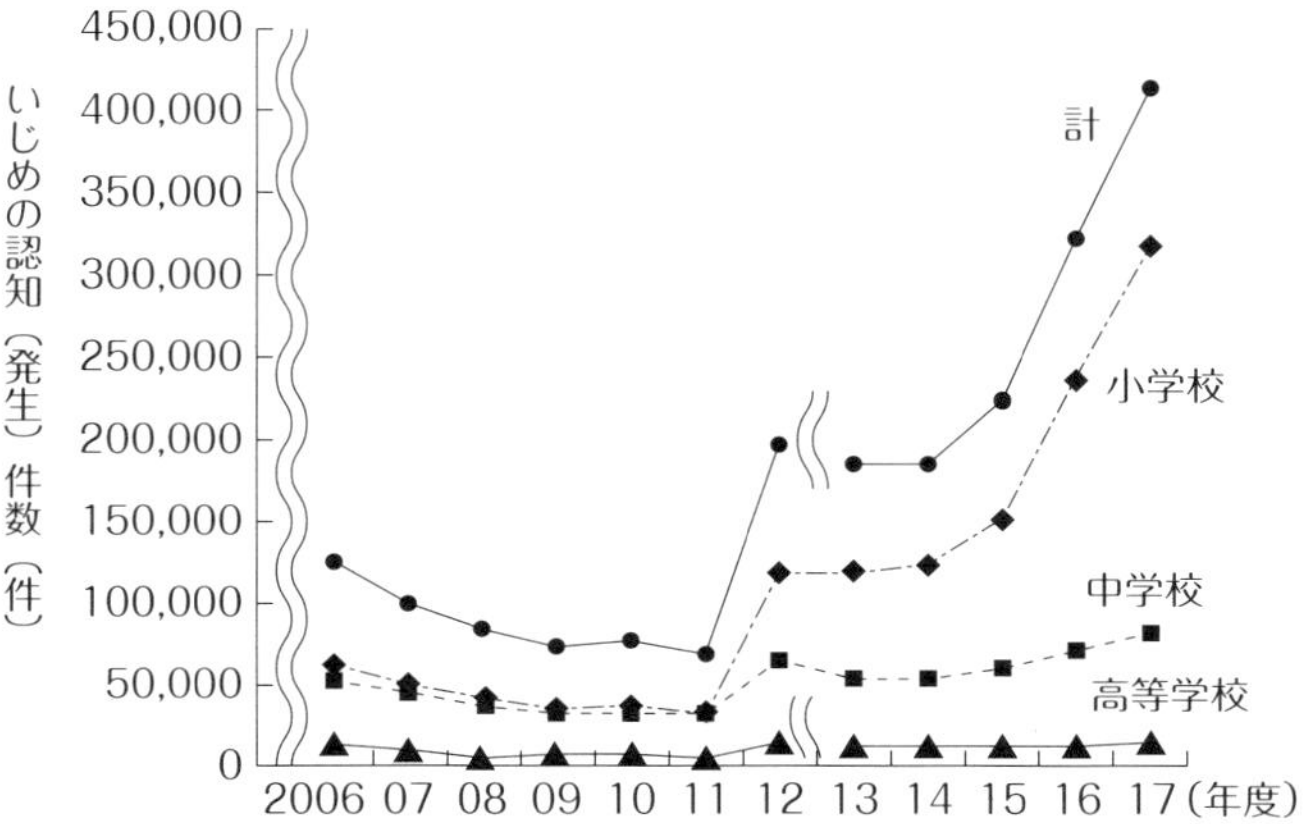

図５－３．いじめの認知（発生）件数の推移
出所：文部科学省（2018）を改変

いじめの認知件数は、中学校や高等学校に比べて、小学校が最も多くなります（図５－３）。いじめとは、「児童生徒に対して、当該児童生徒が在籍する学校に在籍している等当該児童生徒と一定の人的関係のある他の児童生徒が行う心理的又は物理的な影響を与える行為（インターネットを通じて行われるものを含む。）であって、当該行為の対象となった児童生徒が心身の苦痛を感じているもの」とされています（文部科学省、二〇一八）。つまり、いじめに該当するかどうかは被害者がいじめと感じているかどうかによります。

いじめの種類をみると、小学校における認知件数では、「冷やかしやからかい、悪口や脅し文句、嫌なことを言われる」が一九万四八四八件、「軽くぶつかられたり、遊ぶふりをしてたたかれたり、蹴られたりする」が七万三四三五

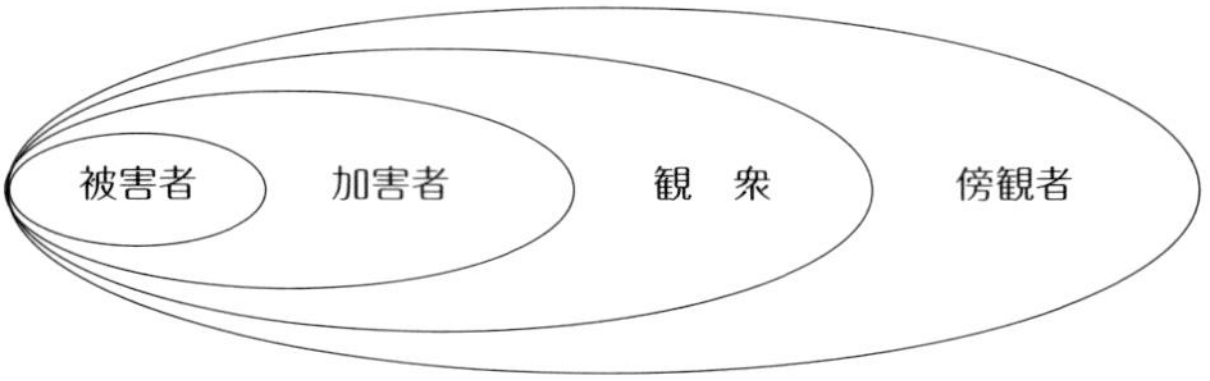

図5－4．いじめの4層構造

出所：森田（2010）

件、「仲間はずれ、集団による無視をされる」が四万五三六二件です（文部科学省、二〇一八）。暴力による身体的いじめよりも、ことばや仲間はずれによる社会的・精神的いじめが多いのです。

社会的・精神的いじめによる苦痛（社会的痛み）は、身体的痛み（第2章6節参照）と同じ神経基盤をもちます。コンピュータ上で、仮想的にいじめのような状況をつくり、実験が行われました。このサイバーボール課題では、参加者はほかのプレーヤーにボールを投げてキャッチボールをします。しかし、ある条件では、ほかのプレーヤーから参加者にボールがこない、「仲間はずれ」の状況が起こります。このとき、参加者は社会的痛みを経験しますが、身体的痛みを経験したときと同じ脳領域（前部島皮質や前部帯状皮質）が活動します（Eisenberger et al., 2003）。ことばや仲間はずれによるいじめは、身体的いじめと同様の影響を及ぼす可能性があるのです。

それでは、いじめはどのようなしくみで発生するのでしょうか。いじめは、四層構造であると考えられています（森田、二〇一〇：図5-4）。いじめられている子ども（被害者）、いじめている子ども（加害者）のほかに、はやし立てたり、面白がってみている子ども

（観衆）や、見て見ぬふりをする子ども（傍観者）がいるとされています。いじめの理由には、こらしめ（被害者に落ち度があるという認識のうえで、制裁するためのいじめ）、異質性排除（劣位にあるものを排除しようとするいじめ）、不条理（いじめる側がもつストレスの発散や快感を満たすためのいじめ）などがあります（大西ら、二〇〇九）。

中学一～二年生を対象とした研究によると、情動的共感や認知的共感（第2章6節参照）が高ければ、いじめの加害傾向は低くなることがわかっています（大西・吉田、二〇一〇）。さらに、共感といじめの加害傾向の間には、いじめに否定的な集団規範を個人が意識している傾向が媒介します。いじめに対して否定的な規範意識を涵養することが、いじめの予防につながるかもしれません。また、インターネットを通じて行われるいじめは、保護者や教師などの身近な大人からは見えにくい現状にあります。日頃から子どもとの信頼関係を構築し、保護者や教師に相談しやすい環境を整えておく必要があるでしょう。

この時期の子どもには、どのような特徴があるのでしょうか。思春期にさしかかる小学校から高等学校の時期は、脳の発達に劇的な変化が起こります。報酬や感情にかかわる辺縁系（側坐核、扁桃体）と行動や感情の制御にかかわる前頭前皮質の発達がアンバランスになるのです（Casey et al., 2008：図5-5）。つまり、この時期は、早く成熟する辺縁系と遅く成熟する前頭前皮質の発達差が顕著にみられ、行動や感情の制御が効きにくいためにリスクの高い行動をしやすい状態が続きます。このような生物学的な特性を知ることで、子どもたちのと

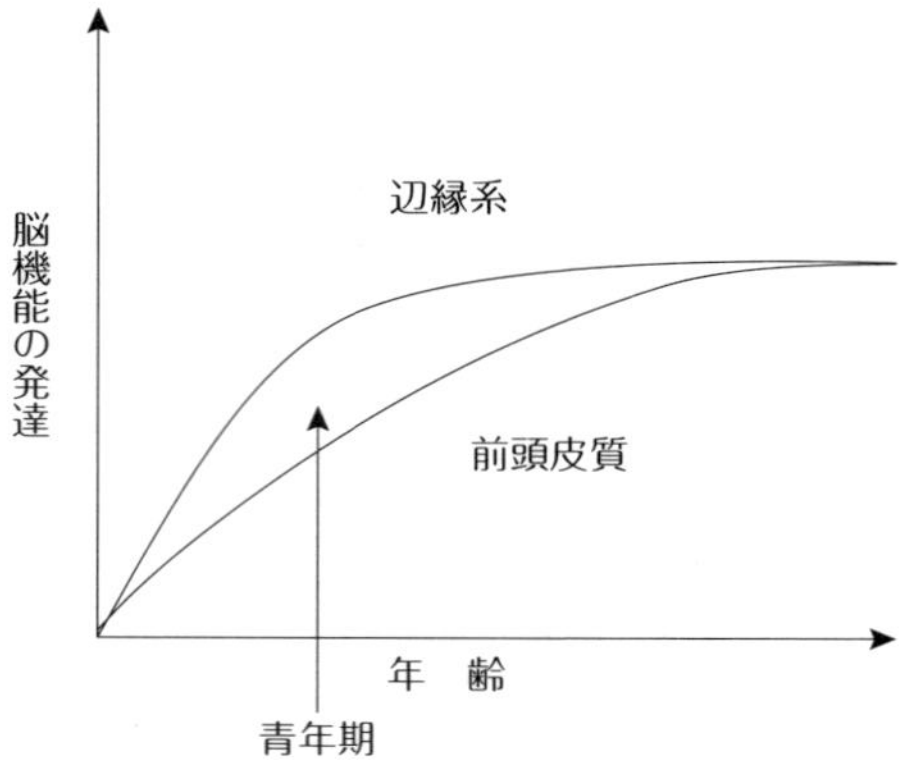

図５－５．前頭前皮質と辺縁系の脳機能発達

出所：Casey et al.（2008）を改変

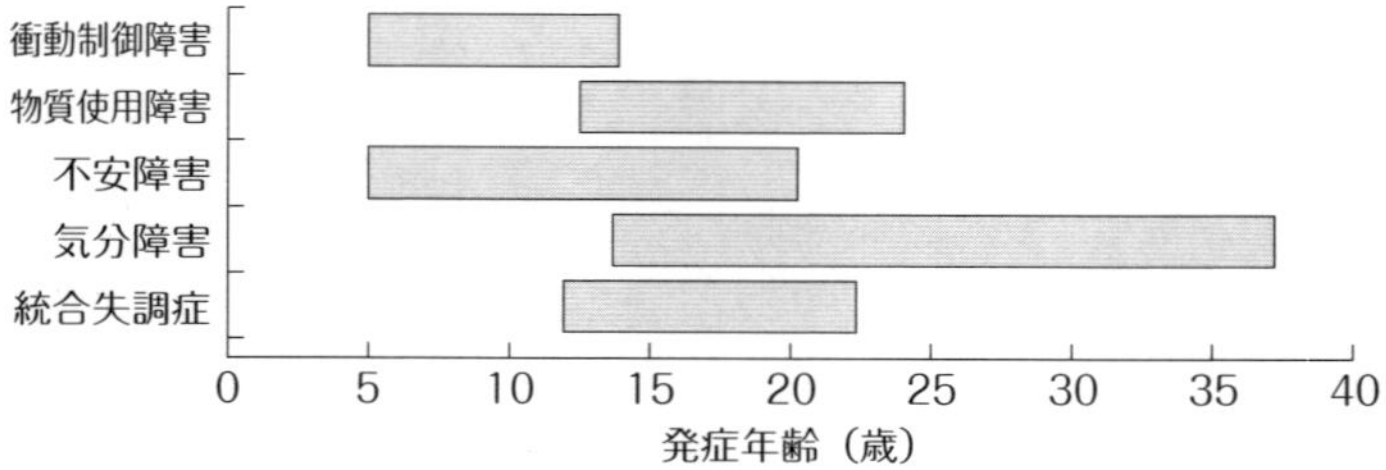

図５－６．各精神障害の発症年齢

出所：Blakemore & Mills（2014）を改変

る行動の一部は理解ができるかもしれません。

また、思春期は、精神障害を発症しやすい時期です（Blakemore & Mills, 2014：図5-6）。たとえば、自分や他人に危害を加える行為を行い、衝動に抵抗できない衝動制御障害、アルコールやたばこなどの物質の使用により問題が生じているにもかかわらず、その使用を続ける物質使用障害、不安症状と回避行動を特徴とする疾患群である不安障害、自責的で悲観的な思考、意欲や気力の低下をともなう気分障害（うつ病、双極性障害）、幻覚や妄想といった精神病症状や意欲、認知機能の低下などを特徴とする統合失調症などがあります。それぞれの精神障害の発症時期は、五～一五歳に集中しています。児童期と青年期は、社会で生活する基盤を構築する重要な時期であるとともに、理性と感情のアンバランスによって、問題が起こりやすい時期なのです。

日本の外国籍の子ども

近年、学校現場では、日本語指導が必要な外国籍の子どもが増えているようです（文部科学省、二〇一七：図5-7）。二〇一六年の時点では、日本語指導が必要な児童生徒は、外国籍が三万四三三五人、日本国籍が九六一二人います。その子どもたちの母語は、ポルトガル語、中国語、フィリピノ語、スペイン語、英語の順で多いようです。ことばの壁は、不就学や不登校の一因になります。彼・彼女たちにとって、母国語と日本語との間のことばの壁が

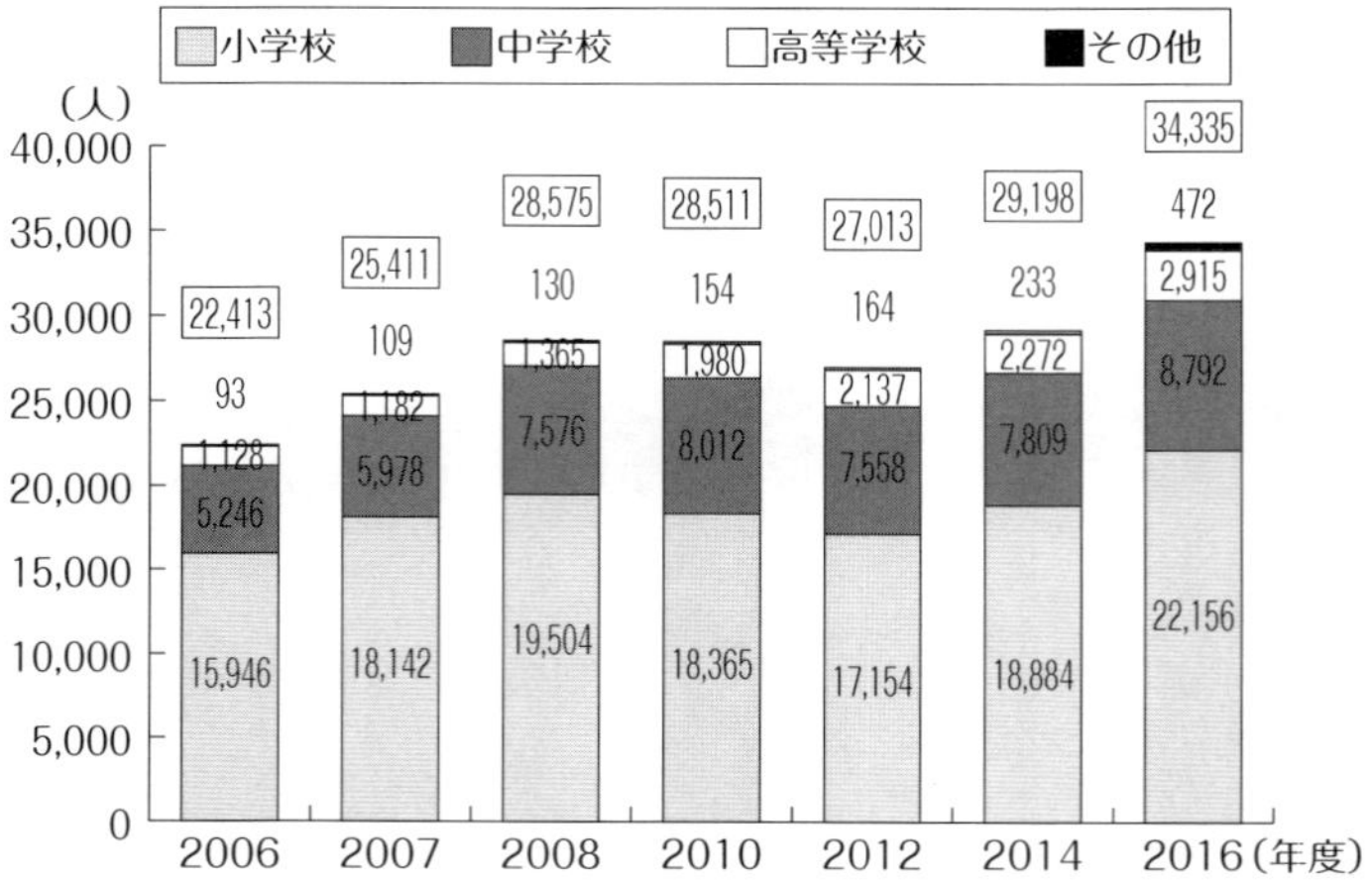

図5－7．日本語指導が必要な外国籍の児童生徒数
出所：文部科学省（2017）を改変

学習や対人関係を妨げ、大きなストレスとなるのです。

同じような問題は、保育所や幼稚園でも起きています。〇～五歳の子どもたちは、適応的で日本語の習得も早く、遊びが中心ですので仲良くなることが多いようです。しかし、保育者と保護者とのやりとりでは、ことばの壁が生じます。たとえば、子どもの生活を支えるうえで大切な連絡帳によるコミュニケーションがむずかしい場合は、子どもの家庭での様子がまったくわからない状況になり、保育者のストレスの一因にもなると考えられます。

保育者と保護者の間をつなぐために、外国語を話せる相談員をおいている自治体もあるようですが、そのような取り組みをしている園は少数でしょう。もし今後、日本が外国人労働者を増やす方向に動くのであれば、外国籍の子どもを受け入れる体制を整える必要があります。

子どもの貧困と発達

子どもの貧困も深刻な問題です。二〇一五年度の日本の子どもの貧困率（所得が中央値の五〇％を下回る家庭で育つ一七歳以下の子どもの割合）は、一三・九％でした（厚生労働省、二〇一七c）。これは、約七人に一人の子どもが貧困であることを示しています。二〇一五年度の貧困のボーダーラインは年収一二二万円でした。

日本の研究は未だに少ないですが、養育者の社会経済状態（socioeconomic status：SES）に着目した研究が行われています。SESには、所得、教育歴、職業などが含まれます。養育者のSESが低い子どもは、養育や教育環境が悪くなる傾向にあり、精神的健康や発達に問題を抱えやすく、学習や学業にも良くない影響がでるようです（Yoshikawa et al., 2012）。

東京大学への入学者の家計支持者の年収をみてみると、平均は一〇〇〇万円を超えており、その六二・七％は世帯収入が九五〇万円以上であり、父の職業は、管理的職業四三・四％、専門的、技術的職業二四・二％、教育的職業七・六％、母の職業は、無職三六・〇％、事務一七・四％、教育的職業一三・三％です（東京大学広報室、二〇一七）。東京大学入学者の多くが、SESが高い子どもであるといえます。

保育者や教員は、現代の家庭や学校が抱えるさまざまな課題を理解し、対応していく必要があります。現代社会が抱える課題は複雑化しているため、保育者・教員同士、あるいは学外の専門家との連携が求められるでしょう。同時に、発達は連続的なものであるため、保幼小の連携も欠かせないと考えられます。次節では、現代社会の特徴の一つである、子育て環境におけるデジタルメディアの普及についてみていきたいと思います。

3 デジタルメディアと子育て

私たちを取り巻く環境は目まぐるしいスピードで変化しています。スマートフォンの普及もその一つです。大人が子どもにスマートフォンを与えている光景を街で目にしたことがある人も多いのではないでしょうか。現代の子どもたちは、いつからスマートフォンを使用するのでしょうか。

ベネッセ教育総合研究所は、乳幼児の親子のメディア活用調査（二〇一七）を実施しました。この調査では、第一子が〇歳六ヶ月〜六歳までの就学前の子どもをもつお母さん約三〇〇〇名を対象に、二〇一三年と二〇一七年時点における、家庭でのデジタルメディア所有率と、子どもが一週間あたりにスマートフォンを使用する頻度が調べられました。その結果、二〇一三年から二〇一七年にかけて、家庭でのスマートフォン所有率は六〇・五％から九二・四％へと増加がみられました。今や、ほとんどの子どもたちが家庭でデジタルメディアに触れる機会をもっているといえるでしょう。

子どものスマートフォン使用頻度については、一〜三歳のおよそ二四％（未就園児の二三・四％、保育所児の二四・五％）がほとんど毎日、およそ二二％（未就園児の二〇・九％、保育所児の二四・五％）が週に一〜二日はスマートフォンを使用するようです。特に、外出先での待ち時間、親が家事などで手をはなせないとき、子どもがさわぐときや使いたがるときなどで使用の割合が増加しており、夕食後の二〇時以降に使用する頻度が多くなります。ちなみに、テレビについては、一〜三歳の時点でおよそ七五％（未就園児の八三・九％、保育所児の六六・二％）がほとんど毎日視聴しているようです。

映像視聴にかんしては、ビデオデフィシットという現象が知られています。たとえば、三歳までの子どもでは、他者と対面して行為を観察した場合に比べて、画面越しの場合に模倣の成績が低くなります（Anderson & Pempek, 2005）。つまり、ビデオデフィシットとは、他人とのリアルなやりとりに比べて、映像からの学習効率が悪いことを指します。ただし、映像を繰り返し見たり、画面をタッチパネルにすると、模倣学習が起こるようです。

また、アメリカの一五〜一六歳の高校生二五八七名を対象とした研究では、デジタルメディアの使用頻度とその後のＡＤＨＤ症状との関連が示されています（Ra et al., 2018）。この研究によると、一回目の調査で、一日に何度もデジタルメディアに触れると回答した人は、二年後の二回目の調査でＡＤＨＤ症状の発生の確率が有意に上昇することがわかりました。アメリカに住む一九歳から三二歳までの一七八七名を対象とした研究では、ソーシャル・ネットワーキング・サービス（ＳＮＳ）の使用時間が長いほど、うつ傾向が強いという関連がみられています（Lin et al., 2016）。このように、デジタルメディアの使用頻度の高さは、精神疾患の発症につながる恐れがあるのです。

なぜＳＮＳを利用しすぎると、うつになる可能性があるのでしょうか。たとえば、ＳＮＳ上にある他人の楽しそうな写真を見たときに、苦痛や劣等感などの妬みの感情を抱くことがあります。私たちは、つい自分と他人を比較して、他人が自分よりもいい思いをしていると、気分が沈み憂鬱になるのです。この社会的比較はチンパンジーにはみられず、ヒトに特有の傾向で、九〜一〇歳児でみられるようになります（Herrmann et al., 2019）。

それでは、養育者のデジタルメディアの使用は、子どもの発達と関係するのでしょうか。お母さんのデジタルメディアの使用時間が長いと、子どもの発達に負の影響がでるようです。これは、デジタルメディアの使用が生活に悪影響を及ぶことに加えて、子どもとかかわりが少なくなるためであると考えられます。たとえば、お母さんのスマートフォン、テレビ視聴、コンピュータ使用の時間が長い三歳児では、内在化・外在化問題行動がそれぞれ多いことがわかっています（McDaniel & Radesky, 2018）。

デジタルメディアは、今や私たちの生活に欠かせないものの一つです。スマートフォンさえあれば、画面越しに絵本を読めたり、海外のことばや文化に触れられるというメリットもあります。子育ての環境が変化しつつある今、デジタルメディアの正しい使い方が求められています。さらに、これからの時代を生きる子どもたちに対して、情報通信技術（information and communication technology：ICT）を使用し、情報活用能力を育成する新しい教育が望まれます。

4　これからの子育てで大切なこと

社会情動的スキルとは

ここからは、世界の教育に目を向けてみたいと思います。世界で求められるこれからの教育とは、どのようなものでしょうか。二〇一四年に、「ウェルビーイングや社会進歩につながるスキルとは？」というテーマが経済協力開発機構（ＯＥＣＤ）の非公式閣僚会議で議論されました（経済協力開発機構、二〇一八）。そこでは、「whole child（全人教育）」における、認知的スキルと社会情動的スキル（非認知能力）の双方の重要性が指摘されました（図5-8）。双方のスキルを教育することで、生活への満足度などのウェルビーイング（幸福感）、社会的な成果や経済の発展につながると考えられています。

まず、スキルとは「個人のウェルビーイングや社会経済的進歩の少なくともひとつの側面

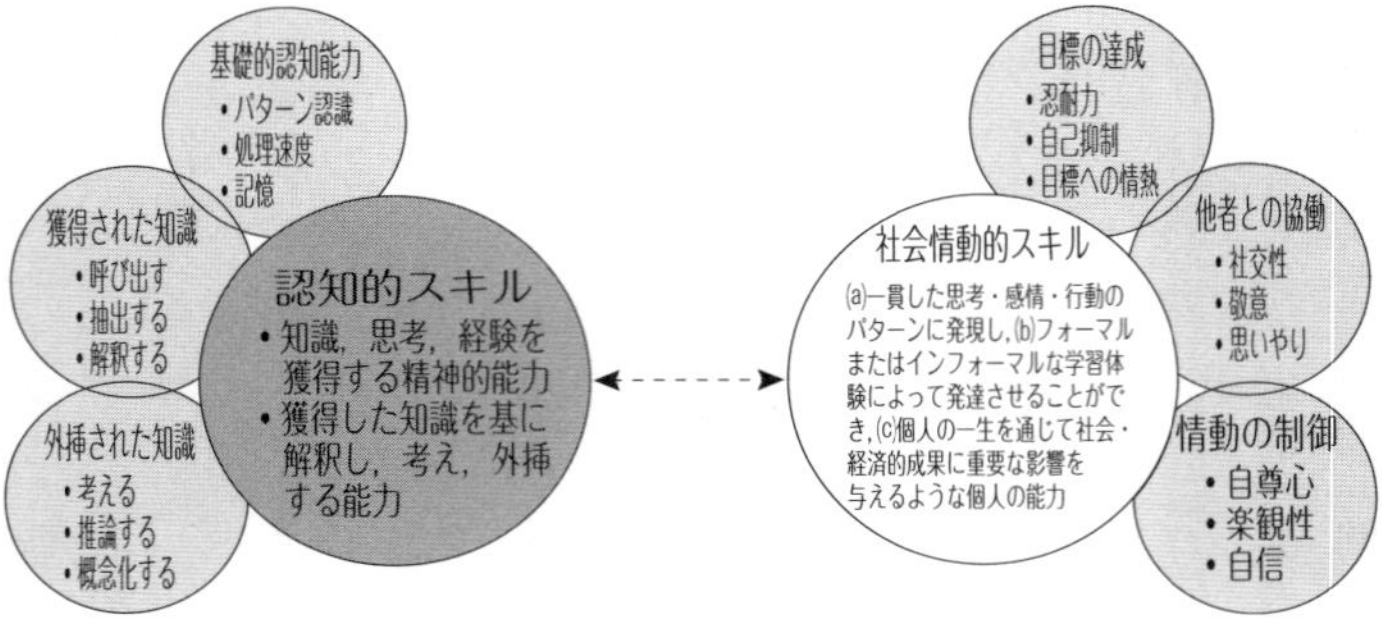

図５－８．認知的スキルと社会情動的スキル
出所：OECD（2015）を改変

において影響を与え（生産性）、意義のある測定が可能であり（測定可能性）、環境の変化や投資により変化させることができる（可鍛性）、個々の性質」とされています（経済開発協力機構、二〇一八）。つまり、スキルは測定による評価や、教育による向上が可能で、幸福感に影響を与えるのです。

スキルの育成は、経済学的な観点からも注目を集めています。一人の子どものスキルは連続的で個人差があり、生後早期からの環境経験や投資（新たな学習機会をつくること）によって変化します（Kautz et al., 2014）。養育・家庭環境、学校教育の影響を受けてスキルは発達しますが、養育者による投資は、高等教育や収入、健康、犯罪の減少につながり、最大のリターンをもたらすと考えられています（図5-9）。

次に、二つのスキルについてみていきましょう。一つ目のスキルである認知的スキルは、知識や思考を獲得する能力であり、基礎的認知能力、獲得された知識、外挿

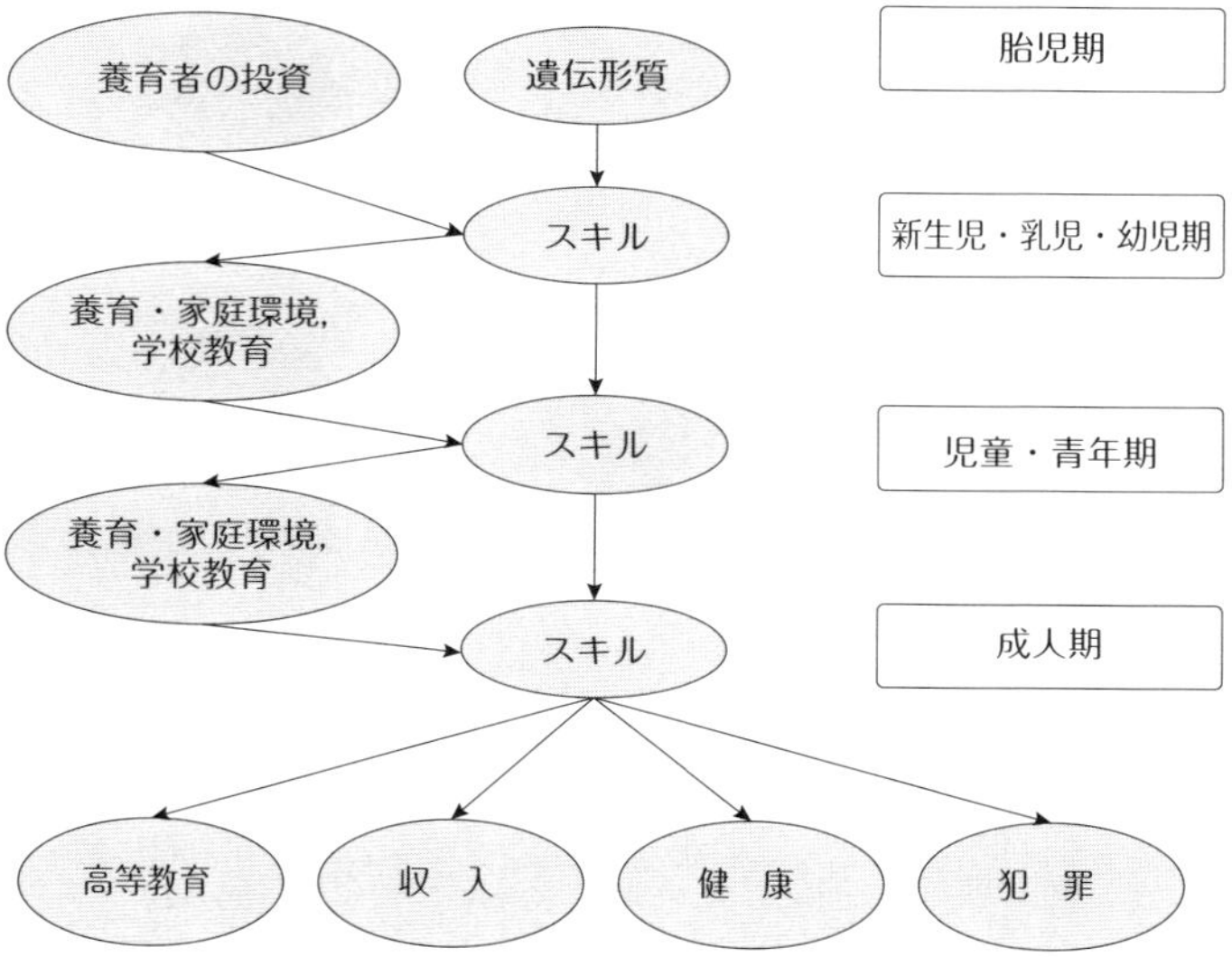

図５－９．スキルの発達を理解するための枠組み
出所：Kautz et al.（2014）

された知識に分かれます。認知的スキルは、環境への適応能力、学習能力、抽象的思考力など、知能検査で測れる能力です。二つ目のスキルである社会情動的スキルは、目標の達成、他者との協働、情動の制御に分かれます。社会情動的スキルは、知能検査では測れないものです。

現在、この社会情動的スキルが世界的に注目を集めています。このスキルは今まで過小評価されがちでした。これまでの教育は、認知的スキルの向上に力を注いでいました。みなさんも学校教育といえば「教科書の内容を覚える」というイメージが強いのではないでしょうか。しかし近年、社会情動的スキルが高まると

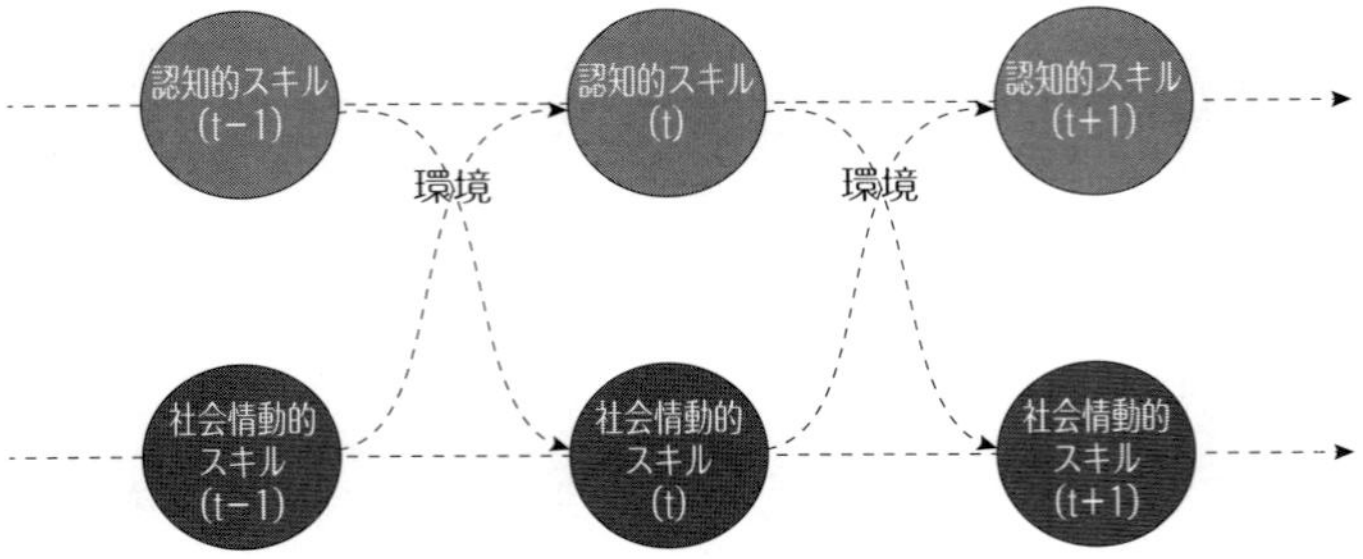

図5-10. 認知的スキルと社会情動的スキルの動的相互作用
出所：OECD（2015）を改変

認知的スキルも高まるというように、両者が相互に影響を及ぼし合っていることがわかってきました（図5-10）。さらに、社会情動的スキルを高めることは、将来的な成功や健康、幸福感の向上につながることが明らかになっています。

乳幼児教育において、社会情動的スキルは「10の姿」の「自立心」「協同性」「道徳性・規範意識の芽生え」に対応すると考えられます。社会情動的スキルは、学校現場において具体的な教育方法と評価方法が定まっていないのが現状ですが、心理学の分野で数多くの研究がなされてきました。ここではそれらの知見から、社会情動的スキルにかかわる自己制御と自己肯定感について紹介します。

自己制御と将来の成功や健康

自己制御とは、自分の行動や感情を自ら統制・調整する能力のことを指します。これによって、私たちは社会の規範や道徳に従うことができます。二歳児でみられる、養育者のいうことを聞かないなどの行動は、自己制御の失敗によるものです。この時期は、第一次反抗期（イヤイヤ期）と呼ばれます。また、青年期の頃にみられる反抗期は、第二次反抗期といいます。

自己制御には、認知的な側面と情動的な側面があります。認知的な自己制御は、実行機能（①行動を抑える抑制能力、②注意や行動の切り替え能力、③情報を保持しながら操作する更新能力：第2章10節参照）にかかわるものです。幼児期では、抑制能力を評価する昼夜ストループ課題（Gerstadt et al. 1994）、切り替え能力を評価するＤＣＣＳ（dimensional change card sort）課題（Frye et al. 1995）、更新能力を評価する単語逆唱スパン課題（Carlson et al. 2002）などがあります。

昼夜ストループ課題では、「太陽」と「月」のカードを子どもに提示し、〝実験者が「太陽」と言ったら、子どもは「月」を指さす〟というように、実験者が言ったものと反対のカードを選ぶことを子どもに求めます。ＤＣＣＳ課題では、たとえば「赤いボート」のカードがあるところに「赤いうさぎ」と「青いボート」のカードを子どもに提示し、一回目は形でカードを分類してもらい、二回目は色（別のルール）でカードを分類するように求めます。単語逆唱スパン課題では、実験者が言ったことばを反対から読むように子どもに求めます。これらの課題は、四歳で約半数の子どもができるようになります。

次に、感情的な自己制御です。自己制御を評価するものに、後にもらえる大きな報酬のた

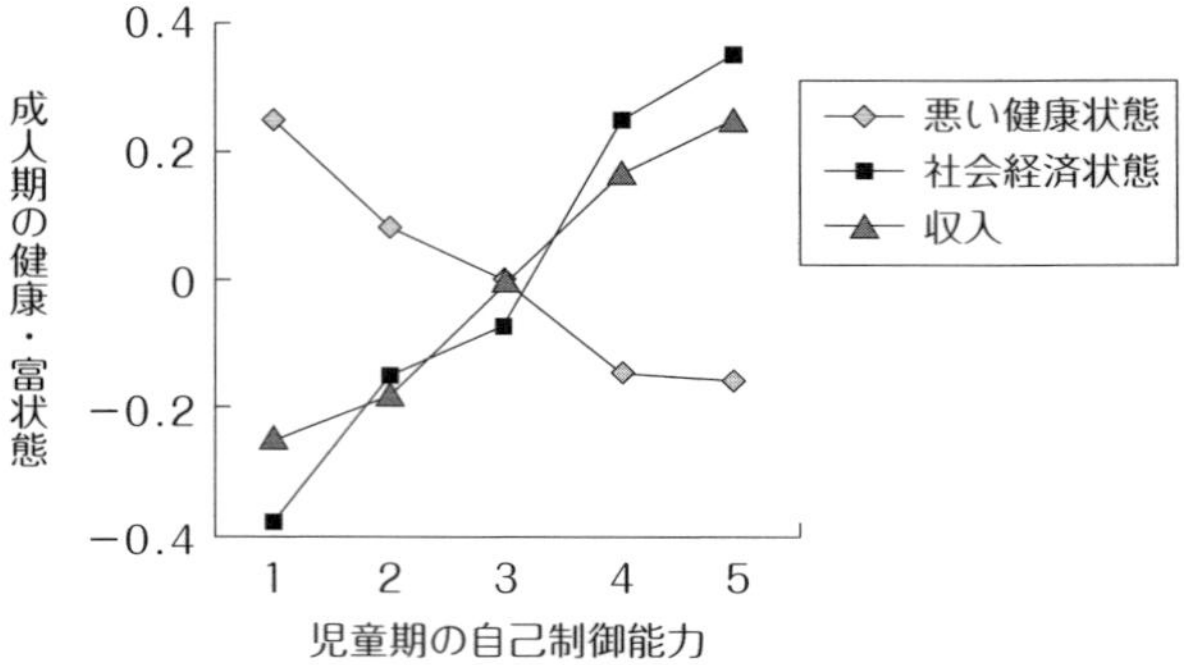

図5-11．児童期の自己制御能力と成人期の健康・富状態
出所：Moffitt et al.（2011）を改変

めに目の前にある小さな報酬をがまんできるかを問う満足の遅延課題があります。そのうちの有名なものがマシュマロテストです。マシュマロテストでは、一つのマシュマロを子どもの目の前に置き、一五分このマシュマロを食べないでがまんできれば、二つのマシュマロがもらえることを伝えます。

このとき、目の前のマシュマロをがまんすることができる子どもほど、青年期の学業成績、社会性、誘惑への抵抗、ストレス耐性が良好であることがわかっています（Mischel et al., 1988）。また、児童期の自己制御能力が高い子どもは、成人期に収入や職場での地位などの社会経済状態（SES）、健康状態が良かったそうです（Moffitt et al., 2011：図5-11）。たとえば、自分の行動や感情を制御できる子どもは、ほかのやりたいことをがまんして勉強に励むことができたり、暴飲暴食をしないために健康が維持されやすいのです。たとえば、四歳のときの自己制御能力の低さが、一一歳の肥満度の指標であるＢＭＩの高さと関連することが示されています（Seeyave et al., 2009）。

このように、自己制御は将来の成功や健康につながる重要な能力です。自己制御はどのように育むことができるのでしょうか。どうやら、ごっこ遊びをすると自己制御の一部が促進されるようです。ごっこ遊びは二歳頃からみられるようになり、何かになったつもりで遊ぶものです。たとえば、子どもたちは、おままごとやお店屋さんごっこで遊びます。

三～五歳の幼児が三つのグループ（空想的なごっこ遊びをする群、空想的でない遊びをする群、普段通りの遊びをする群）に分けられ、それぞれが遊びを五週間で計二五回（一回一五分）行いました（Thibodeau et al., 2016）。空想的なごっこ遊びをする群では、宇宙に冒険に行くなどの遊びをしました。その結果、空想的なごっご遊びをする群は、歌やお絵かきなどの空想的でない遊びをする群に比べて、切り替え能力や更新能力が高くなることがわかりました。

家庭環境が貧しいＳＥＳの低い四歳の子どもを対象とした研究では、動物や人のキャラクターになりきって劇を演じたり、感情を表現するようなごっこ遊びをすると、感情的な自己制御が向上することがわかりました（Goldstein & Lerner, 2018）。これらの結果は、日常的に保育所や幼稚園で経験する演劇やごっこ遊びが、自己制御の発達に有効であることを示しています。

養育者が二ヶ国語を話す環境で育ったバイリンガルの子どもでは、実行機能の発達が早い可能性が指摘されています。また、生後一一ヶ月のバイリンガル児では、第一母語と第二母語のそれぞれの言語の二種類の音を聞いたときに、実行機能にかかわる脳部位の活動がみられています（Ramírez et al., 2017）。バイリンガル児は二つの言語を聞き分け、使い分ける必要があるために、実行機能を使って日常生活を送っていると考えられます。

自己肯定感を育む

みなさんは、自分に自信があるでしょうか。「ある」と答えた方は、自己肯定感が高いのかもしれません。肯定的な自己評価や自分を価値あるものとする感覚を、自己肯定感（自尊感情）と呼びます。近年、日本の自己肯定感の低さが問題になっています。たとえば、日本を含む七ヶ国の一三〜二九歳を対象に行われた意識調査では、「自分自身に満足していると思うか」という質問に対して、「そう思う」や「どちらかといえばそう思う」と答えた人は、日本では四五・八％、アメリカでは八六・〇％、同じアジアの韓国では七一・五％でした（内閣府、二〇一四：図5-12）。日本では、半分以上の人が自分に満足していないと感じているようです。

心理学の分野では、自己肯定感を測る有名なものに、「ローゼンバーグの自尊感情尺度」があります（桜井、二〇〇〇）。この尺度は以下の一〇項目で構成され、「いいえ」「どちらか

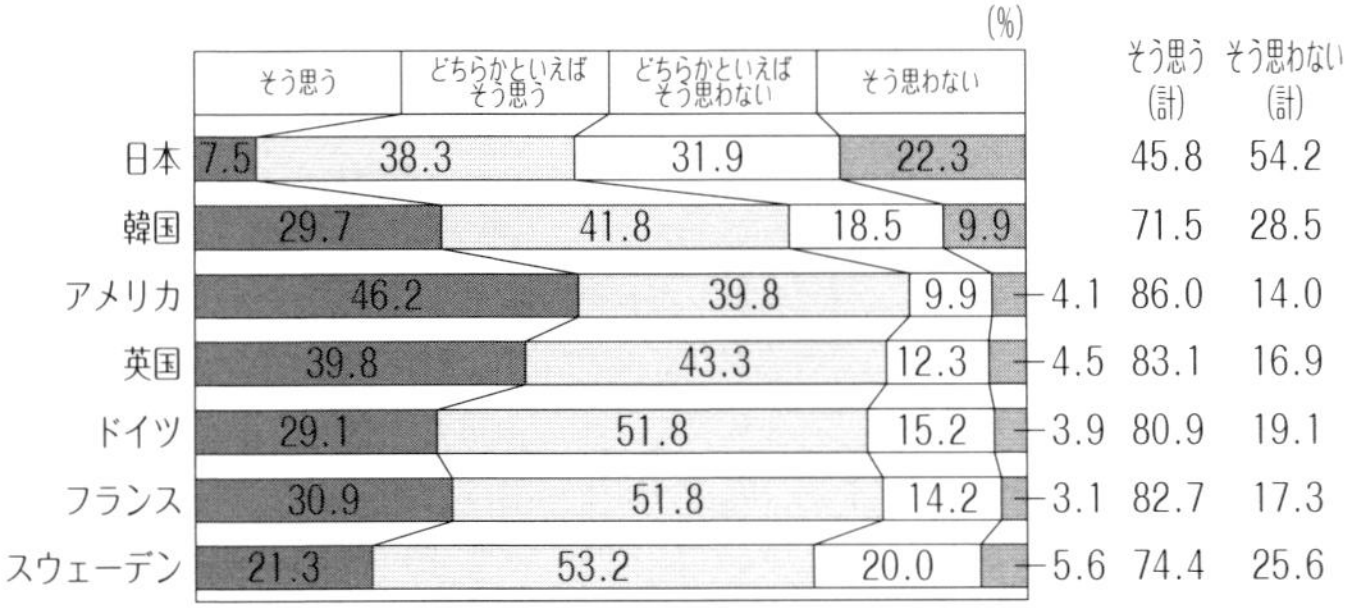

図５-12.「自分自身に満足していると思うか」に対する回答

注：日本（$n=1175$），韓国（$n=1026$），アメリカ（$n=1036$），英国（$n=1078$），ドイツ（$n=1034$），フランス（$n=1006$），スウェーデン（$n=1076$）

出所：内閣府（2014）

といえばいいえ」「どちらかといえばはい」「はい」の四件法で評価されます。一〇項目は、①私は自分に満足している、②私は自分がだめな人間だと思う（Ｒ）、③私は自分には見どころがあると思う、④私は、たいていの人がやれる程度には物事ができる、⑤私には得意に思うことがない（Ｒ）、⑥私は自分が役立たずだと感じる（Ｒ）、⑦私は自分が、少なくとも他人と同じくらいの価値のある人間だと思う、⑧もう少し自分を尊敬できたらと思う（Ｒ）、⑨自分を失敗者だと思いがちである（Ｒ）、⑩私は自分に対して、前向きの態度をとっている、です。（Ｒ）が付いているものは逆転項目で、回答したものと逆の得点をつけます。

なぜ日本の若者は、自分に対する自信や満足感が低いのでしょうか。日本は謙虚であることを美徳とする傾向があるために、控えめな回答がなされたのでしょうか。あるいは、日本人は自分と他人との関係を重視する相互協調的自己観をもつ傾向があるために、自分よりも他人との関係を重視してしまい、自分を疎かにしてしまうのでしょうか。この点については、未だに答えがでていません。

では、子どもの自己肯定感を高めるには、どのようなことが大切なのでしょうか。小学五～六年生を対象にした研究では、学校生活において教師から褒められる経験が、自己肯定感や学習意欲、学校生活満足度と関連していることが明らかになっています（古市・柴田、二〇一三）。これは、教師が子どもを褒めることが、子どもの自信や勉強への動機づけ、学校での生活に広く影響を及ぼすことを示しています。一方で、日本の教育は子どもの問題をみつけるという側面に重きがおかれている印象を受けます。しかし、上記のような研究結果をみると、学校教育においても子どもの良いところを褒めることを積極的にしていくべきではないでしょうか。

褒められる経験をすると、私たちにはどのような変化が起きるのでしょうか。ある実験を紹介したいと思います。私たちは、お金という物質的な報酬を手に入れたときに線条体という脳の部位が活動します（Izuma et al., 2008）。線条体には、ドーパミンという快楽にかかわる神経伝達物質を受け取る受容体があります。つまり、お金を手にすると、私たちは快楽を覚えるのです。これが、他者から良い評判を得るという社会的な報酬の場合にはどうでしょうか。驚くべきことに、お金を手にしたときと同様に、他者から良い評判を得ると線条体が

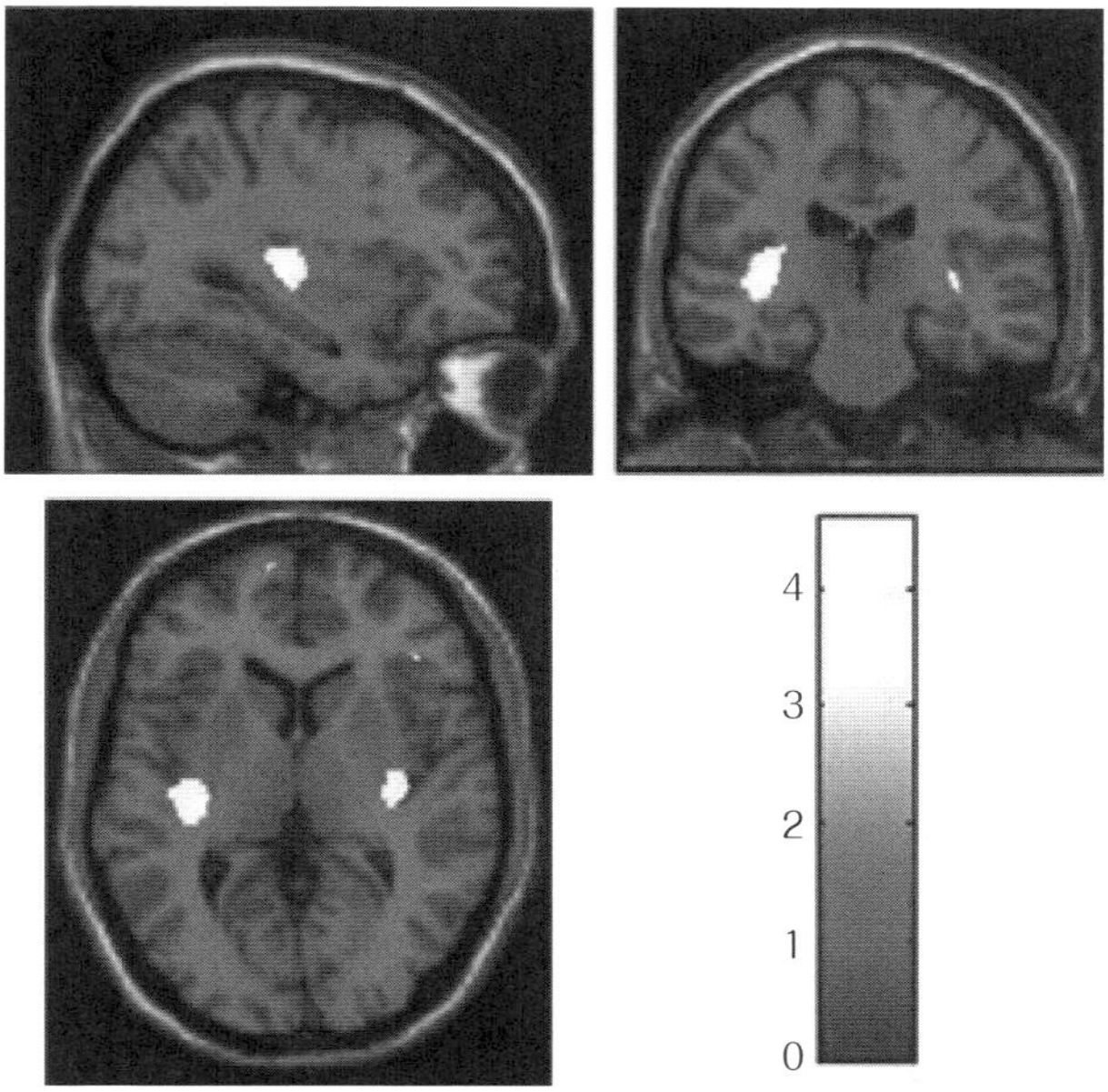

図5-13．家庭で褒められる経験と関連する島皮質
注：白い部分はお母さんの褒める傾向と関連する島皮質を示す
出所：Matsudaira et al.（2016）

活動するのです。他者から良い評判を得ることと褒められる経験は異なりますが、社会的報酬という観点からみると類似しています。他者から良く評価されたり、褒められると、私たちは快楽を感じるのです。

家庭で褒められる経験と脳の発達について調べた研究があります（Matsudaira et al., 2016）。五～一八歳の二九〇名を対象に、お母さんが日常で子どもに対して褒めることを大切にしている程度と、脳の灰白質（第1章6節参照）の容積との関連が調べられました。その結果、褒めることを大切にしているお母さんの子どもは、島皮質の脳容積が大きいことがわかりました（図5-13）。島皮質は、共感や感情制御にかかわる脳の領域です。この知見から、お母さんに褒められた経験を多くもつ子どもほど、感情にかかわる発達が良好であるといえそうです。この研究ではさらに、思いやりにかんする誠実性と、創造性や好奇心にかんする開放性の性格特性をもつお母さんは、子どもを褒めることを大切にしている程度が高いことがわかりました。子どもの良いところをみつけて、それをことばにして褒めることは、私たちが思っている以上に重要な営みなのです。

5　子どもが幸福感を得るために

日本の幸福感の現状

最後に、子どもたちの幸せについて考えてみたいと思います。二〇一四～一六年に各国で行われたアンケート調査によると、日本の主観的幸福感（幸せの程度を個人の主観をもとに測ったもの）は一五五ヶ国のうち五一位、ＯＥＣＤ加盟国では三五ヶ国のうち二七位でした（Helliwell et al., 2017）。このアンケートでは、①一人当たり実質国内総生産（gross domestic product : GDP）、②ソーシャルサポートの有無（助けてくれる親族や友人がいるか）、③健康寿命、④人生選択の自由度、⑤寛容さ（慈善事業に寄付したか）、⑥汚職（政府やビジネス界に汚職があるか）によって主観的幸福感が評価されました。この評価基準では、同一の経済水準の国と比較して、日本の主観的幸福感は低いことがわかります。

一方で、日本では幸せの捉え方が他国と異なるのではないかという考えもあります。幸せのイメージについて日米で比較分析した研究では、アメリカ人は「幸せは個人による目標達成で得られる」など、幸せをポジティブなものとして捉えることが大半であったのに対して、日本人は「幸せになると他人から妬まれる」など、幸せをネガティブなものとしてとらえる傾向があることがわかりました（Uchida & Kitayama, 2009）。つまり、日本人は幸せを判断するときに、他人と同程度の幸せを手に入れることが基準になっている可能性があるのです。

主観的幸福感を決定する要因としては、学歴や所得よりも、自己決定が強い影響を与えるようです（西村・八木、二〇一八）。ここでいう自己決定とは、自らの判断で高校や大学などの進路選択を行った程度を指しています。日本の教育では、子どもたちはどの程度の自己決定ができているでしょうか。子どもたちが自分で行動を選択できるように環境を整備していくことで、満足度の高い生活を送ることができるようになるかもしれません。

子育ての幸福感

赤ちゃんや子どもにとって、養育者は一番身近な存在といっても過言ではありません。第

4章2節で述べたように、養育者の精神的健康は、子どもの発達に影響を及ぼします(Feldman, 2015)。したがって、養育者が幸せを感じて子育てができる環境は、赤ちゃんや子どもにも良い影響があると考えられます。

育児幸福感ということばを聞いたことがあるでしょうか。育児幸福感は、「育児中のお母さんの肯定的な情動」のことです(清水ら、二〇〇七)。育児幸福感尺度では、①子どもの成長(子どもが元気に成長しているとき安心する)、②希望と生きがい(子どもと一緒にいるだけで幸せだ)、③親としての成長(子どもによって自分の心が変わり、強くたくましくなった)、④子どもに必要とされること(子どもをきつく叱った後でもすぐなついてくれるときに安心した気持ちになる)、⑤夫への感謝の念(夫が育児に協力してくれることに感謝するとともに安心した気持ちになる)、⑥新たな人間関係(子どもを通して人とのつながりができたとき嬉しい)、⑦子どもからの感謝と癒し(子どもに助けられたとき感謝の気持ちになる)、⑧出産や子育ての意義(子どもを産めたことに喜びと誇りを感じる)、の八因子によって、子育て中に感じる幸せな気持ちを評価します。

育児幸福感の高さは、子育てで感じるネガティブな情動(育児ストレス)の低さとかかわるようですが、その関連性は弱いことがわかっています。育児幸福感を高め、育児ストレスを低めるためには、異なる援助が必要であるのかもしれません。また、育児幸福感は、お父さんでも研究がされています(清水、二〇〇八)。どうやら、お父さんはお母さんと共通した育児幸福感を抱いているようです。

また、三八七九世帯（母子世帯一二三三、二親世帯二六四六）を対象とした調査によると、日本の母子世帯のお母さんは、二親世帯のお母さんに比べて、幸福感が低い傾向にあります（労働政策研究・研修機構、二〇一五）。日本の母子世帯の相対的貧困率は五割を超えており、周囲の人々の心理的な支援（ソーシャルサポート）を受けにくい場合も多いようです。家庭が望む子育て支援策を具体的に明らかにすることで、多様なニーズに応える政策を考えていくことが重要です。

一方、〇～二歳の第一子をもつ妻・夫へのアンケート調査では、二親世帯においてお父さんの育児頻度が調べられました（ベネッセ次世代育成研究所、二〇一二）。たとえば、「〇〇ちゃん（自分の子ども）を寝かしつける」にかんして、お父さんの四一・二％が「ほとんどしない」、二七・二％が「週に一～二回する」と回答したようです。このように、お父さんの育児への参加は、依然として低い状況にあります。お母さんの心を支えるお父さんの育児参加を促すしくみづくりも必要でしょう。これによって、より幸せな子育て環境になると考えられます。

保育者の幸福感

保育士や幼稚園教諭は、子どもの発達に大切な乳幼児期に、教育や養護にたずさわる職業です。日本では、社会的ニーズの変化にともない、保育の質の向上や評価が求められるようになっています。保育の質とは、「子どもたちが心身ともに満たされ、豊かに生きていくことを支える環境や経験」のことで、社会や文化における保育の機能によって規定されるものです（厚生労働省、二〇一八ｃ）。

エカーズ（early childhood environment rating scale：ECERS）という保育環境の質を数値化する尺度では、①空間と家具（粗大運動遊びの空間など）、②日常的な個人のケア（食事や午睡など）、③ことばと思考力（絵本や会話など）、④活動（造形や音楽など）、⑤相互関係（保育者と子どものやりとりなど）、⑥保育の構造（自由遊びや集団活動、障害のある子どもへの配慮など）、⑦保護者と保育者（保護者との連携や研修機会など）の項目について評価されます（テルマら、二〇一六）。エカーズによって評価された保育の質が高いほど、一一歳のときの子どもの認知や行動、社会性の発達が良好であるという報告もあります（Sylva et al., 2011）。保育者が子どもの発達に果たす役割は大きいのです。

近年、保育士としての勤務年数が五年未満である早期離職者の多さが問題となっています（厚生労働省、二〇一三）。保育士職への就業を希望しない理由としては、「賃金が希望と合わない」「休暇が少ない・休暇がとりにくい」などがあげられます。保育者の処遇や勤務環境は、喫緊に改善されるべき問題です。

職場でのストレスも離職の原因の一つであると考えられます。保育者が職場で抱えやすいストレスとしては「職場環境・職場の人間関係」「子どもの対応」「知識と現場のギャップ」があるようです（松村、二〇一五）。これらのストレスを低下させるには、ソーシャルサポートや研修への参加を促す体制を整える必要があります。

専門性の向上は、保育者としての自信（保育者効力感）につながります。保育者効力感とは、「保育場面において子どもの発達に望ましい変化をもたらすことができるであろう保育的行為をとることができる信念」です（井上、二〇一四）。赤ちゃんや子どもの発達を支える保育者が、幸福感を感じ、保育者効力感を育むことができる職場にしていくことが重要です。

6　心の発達を理解してかかわる

本章では、赤ちゃんや子どもを取り巻く現代社会・教育・子育ての現状についてみてきました。その中で、デジタルメディアの普及によって子育て環境が変化しつつあることや、家庭の貧困と発達の関係について触れました。保育・学校現場に目を向けると、小一プロブレムやいじめ、日本語指導が必要な外国籍の児童生徒の増加の問題などがありました。また、世界と比べると、日本人の自己肯定感や主観的幸福感は低い傾向にありました。

これらのトピックが、心の発達を考えるうえでなぜ重要なのでしょうか。それは現代社会が、今を生きる赤ちゃんや子どもの環境にほかならないからです。心の発達は、環境との相互作用によって変化します。環境が変われば、心の発達の様相も変化する可能性があるのです。

保育所や幼稚園の教育は、「環境を通して行う」ことが基本にあります（厚生労働省、二〇一七a：文部科学省、二〇一七：文部科学省・厚生労働省、二〇一七）。ここでの環境は、①人的環境、②物的環境、③自然環境、などに分けて考えられます。現代社会の現状をみてみると、人的環境にかかわる課題が多くあり、人間同士のコミュニケーションの問題が関係しています。デジタルメディアの普及をみても、SNS上で文字や写真、絵文字などを介したコミュニケーションが行われています。

本書のテーマである「社会性とことばの発達」は、コミュニケーションにかかわるものです。したがって、社会性とことばの発達の科学的理解は、現代社会の問題を解決するために非常に重要であると考えられます。たとえば、自己肯定感の低下傾向の改善には、褒められる経験が鍵を握るかもしれません（第5章4節参照）。

社会性とことばの発達について振り返ると、ヒトは胎児期からお母さんの声に感受性を示し、新生児期には顔や声への選好や新生児模倣がみられ、その後は四歳以降の心の理論の獲得に至るまで、その発達は連続的に進むことがわかります（図5-14）。乳児期の共同注意の能力が心の理論の発達と関連し（Brooks & Meltzoff, 2015：第5章1節参照）、子どもの自己制御能力が将来の成功や健康と関連する（Moffitt et al., 2011：第5章4節参照）、という報告も

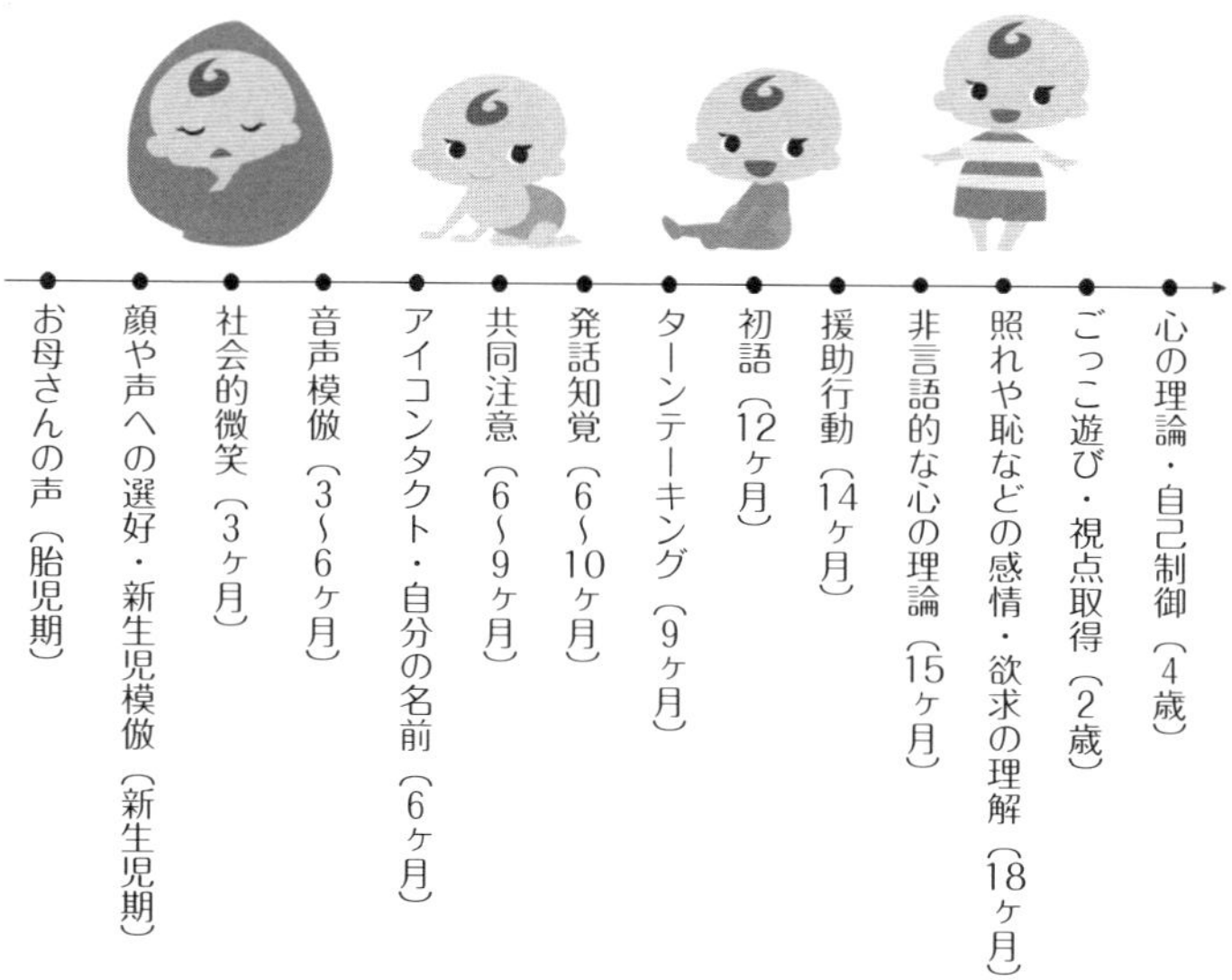

図5-14．社会性とことばの発達過程

ありました。

これまで述べたように、社会性とことばの発達には敏感期（第3章2節参照）や適した環境があり、大きな個人差があります。発達初期の経験環境が、心の発達に長期的な影響をもたらす可能性にも言及しました。それゆえに、子育て、保育、教育を考えるうえで、赤ちゃんの頃から始まる心の発達のしくみを理解することが欠かせないのです。本書ではあまり触れることはできませんでしたが、心の発達には遺伝の影響も五〇％弱ほどはあると考えられます（安藤、二〇一八）。しかし裏を返せば、残りの五〇％強は心の発達に環境が担うといえ、その役割は大きいのです。

本書を執筆している現在も、赤ちゃんや子どもにかかわるさまざまなニュースが飛び込んできます。子どもたちの発達に適した環境をどのように整備すればよいのか。その問いの答えは、子どもたちの心の発達を理解したうえに成り立つのです。

文　献

第1章

Bloom, T., & Friedman, H. (2013) Classifying dogs' (Canis familiaris) facial expressions from photographs. *Behavioural Processes,* **96**, 1-10.

Bornstein, M. H., & Lamb, M. E. (2011) *Developmental Science.* New York : Psychology Press.

Bowlby, J. (1969) *Attachment and Loss : 1. Attachment.* London : Hogarth Press.

Casey, B. J., Tottenham, N., Liston, C., & Durston, S. (2005). Imaging the developing brain : what have we learned about cognitive development ? *Trends in Cognitive Science,* **9** (3), 104-110.

Courchesne, E. (2002) Abnormal early brain development in autism. *Molecular Psychiatry,* **7**, S21-S23.

Hazlett, H. C., Poe, M. D., Gerig, G., Styner, M., Chappell, C., Smith, R. G., et al. (2011) Early brain overgrowth in autism associated with an increase in cortical surface area before age 2 years. *Archives of General Psychiatry,* **68** (5), 467-476.

Huttenlocher, P. R. (1990) Morphometric study of human cerebral cortex development. *Neuropsychologia,* **28**, 517-527.

Kilford, E. J., Garrett, E., & Blakemore, S. J. (2016) The development of social cognition in adolescence : an integrated perspective. *Neuroscience and Biobehavioral Reviews,* **70**, 106-120.

国立社会保障・人口問題研究所（二〇一八）人口統計資料集.

厚生労働省（二〇一七b）保育所等関連状況取りまとめ（平成二九年四月一日）．厚生労働省ホームページ（https://www.mhlw.go.jp/file/04-Houdouhappyou-11907000-Koyoukintoujidoukateikyoku-Hoikuka/0000176121.pdf）（最終アクセス日：二〇一九年一月二一日）．

Lorenz, K. (1943) Die angeborenen Formen moeglicher Erfahrung. *Zeitschrift für Tierpsychologie*, **5**, 235–409.

文部科学省（二〇〇九）子どもの発達段階ごとの特徴と重視すべき課題．文部科学省ホームページ（http://www.mext.go.jp/b_menu/shingi/chousa/shotou/053/gaiyou/attach/1283165.htm）（最終アクセス日：二〇一九年一月二一日）．

入戸野宏（二〇〇九）〝かわいい〟に対する行動学的アプローチ　広島大学大学院総合科学研究科紀要Ⅰ人間科学研究、第四巻、一九–三五頁．

入戸野宏（二〇一三）かわいさと幼さ――ベビースキーマをめぐる批判的考察〈解説〉．ＶＩＳＩＯＮ、第二五巻第二号、一〇〇–一〇四頁．

Shibata M., Fuchino Y., Naoi N., Kohno S., Kawai M., Okanoya K., et al. (2012) Broad cortical activation in response to tactile stimulation in newborns. *Neuroreport* **23**, 373–377.

Sherman, G. D., & Haidt, J. (2011) Cuteness and disgust: The humanizing and dehumanizing effects of emotion. *Emotion Review*, **3**, 245–251.

新村出編（二〇〇八）広辞苑（第六版）．岩波書店．

Sweeten, T. L., Posey, D. J., Shekhar, A., & McDougle, C. J. (2002) The amygdala and related structures in the pathophysiology of autism. *Pharmacology Biochemistry and Behavior*, **71**, 449–455.

内田伸子（二〇一〇）「3歳児神話」は『真話』か？――働く親の仕組みを見直し、社会の育児機能を取り戻す．学術の動向、第一五巻第二号、七六–八六頁．

van Wolkenten, M., Brosnan, S. F., & de Waal, F. B. M. (2007) Inequity responses of monkeys modified by effort.

Proceedings of the National Academy of the United States of America, **104** (47) 18854-18859.

第2章

Adolphs, R. (2003) Cognitive neuroscience of human social behavior. *Nature Reviews Neuroscience,* **4**, 165-178.
American Psychiatric Association (2013) *Diagnostic and Statistical Manual of Mental Disorders : DSM-V, 5th Edn.* Washington, DC : American Psychiatric Association.
綾屋紗月・熊谷晋一郎（二〇〇八）発達障害当事者研究——ゆっくりていねいにつながりたい　医学書院
Bagby, R. M., Parker, J. D., & Taylor, G. J. (1994) The twenty-item Toronto Alexithymia Scale--I. Item selection and cross-validation of the factor structure. *Journal of Psychosomatic Research,* **38** (1), 23-32.
Barr, R., Dowden, A., & Hayne, H. (1996) Developmental changes in deferred imitation by 6- to 24-month-old infants. *Infant Behavior and Development,* **19** (2),159-170.
Bartsch, K., & Wellman, H. (1989) Young children's attribution of action to beliefs and desires. *Child Development,* **60** (4), 946-964.
Batki, A., Baron-Cohen, S., Wheelwright, S., Connellan, J., & Ahluwalia, J. (2000) Is there an innate gaze module ? evidence from human neonates. *Infant Behavior and development,* **23**, 223-229.
Beall, P. M., Moody, E. J., McIntosh, D. N., Hepburn, S. L., & Reed, C. L. (2008) Rapid facial reactions to emotional facial expressions in typically developing children and children with autism spectrum disorder. *Journal of Experimental Child Psychology,* **101** (3), 206-223.
Bridges, K. M. B. (1932) Emotional development in early infancy. *Child Development,* **3** (4), 324-341.
Brownell, C., Svetlova, M., & Nichols, S. (2009) To share or not to share : when do toddlers respond to another's needs ? *Infancy,* **14** (1), 117-130.

Brownell, C. A., Svetlova, M., Anderson, R., Nichols, S. R., & Drummond, J. (2013) Socialization of early prosocial behavior : parent's talk about emotions is associated with sharing and helping in toddlers. *Infancy,* **18**, 91–119.

Buttelmann, D., Zmyj, N., Daum, M., & Carpenter, M. (2013) Selective imitation of in-group over out-group members in 14-month-old infants. *Child Development,* **84** (2), 422–428.

Calvo-Merino, B., Grèzes, J., Glaser, D.E., Passingham, R.E., & Haggard, P. (2006) Seeing or doing ? influence of visual and motor familiarity in action observation. *Current Biology,* **16** (19), 1905–1910.

Carpenter, M., Uebel, J., & Tomasello, M. (2013) Being mimicked increases prosocial behavior in 18-month-old infants. *Child Development,* **84**, 1–8.

Chartrand, T. L., & Bargh, J. A. (1999) The chameleon effect : the perception-behavior link and social interaction. *Journal of Personality and Social Psychology,* **76** (6), 893–910.

Chevallier, C., Kohls, G., Troiani, V., Brodkin, E. S., & Schultz, R. T. (2008) The social motivation theory of autism. *Trends in Cognitive Sciences,* **16** (4), 231–239.

Cirelli, L. K., Wan, S. J., & Trainor, L. J. (2014) Fourteen-month-old infants use interpersonal synchrony as a cue to direct helpfulness. *Philosophical Transactions of the Royal Society B,* **369** (1658) : 20130400.

Clark, C. L., St John, N., Pasca, A. M., Hyde, S. A., Hornbeak, K., Abramova, M., et al. (2013) Neonatal CSF oxytocin levels are associated with parent report of infant soothability and sociability. *Psychoneuroendocrinology,* **38** (7), 1208–1212.

Critchley, H. D., Daly, E. M., Bullmore, E. T., Williams, S. C., Van Amelsvoort, T., Robertson, D. M., et al. (2000) The functional neuroanatomy of social behaviour : changes in cerebral blood flow when people with autistic disorder process facial expressions. *Brain,* **123**, 2203–2212.

Csibra, G., & Gergely, G. (2009) Natural pedagogy. *Trends in cognitive science,* **13**, 148–153.

Csibra, G., & Gergely, G. (2011) Natural pedagogy as evolutionary adaptation. *Philosophical Transactions of the Royal Society B*, **366**, 1149-1157.

Decety, J., Bartal, I. B-A., Uzefovsky, F., & Knafo-Noam, A. (2016) Empathy as a driver of prosocial behaviour : highly conserved neurobehavioural mechanisms across species. *Philosophical Transactions of the Royal Society B*, **371** : 20150077.

Dunbar, R. I. M. (1998) The social brain hypothesis. *Evolutionary Anthropology*, **6**, 178-190.

Dunfield, K., Kuhlmeier, V. A., O'Connell, L., & Kelley, E. (2011) Examining the diversity of prosocial behavior : helping, sharing, and comforting in infancy. *Infancy*, **16** (3), 227-247.

エドモンズジュネヴィエーヴ・ベアドンルーク（二〇一一）アスペルガー流人間関係——14人それぞれの経験と工夫．東京書籍．

Elsabbagh, M., Mercure, E., Hudry, K., Chandler, S., Pasco, G., Charman, T., et al. (2012) Infant neural sensitivity to dynamic eye gaze is associated with later emerging autism. *Current Biology*, **22**, 338-342.

Farroni, T., Csibra, G., Simion, F., & Johnson, M. H. (2002) Eye contact detection in humans from birth. *Proceedings of the National Academy of Sciences of the United States of America*, **99**, 9602-9605.

Farroni, T., Johnson, M. H., Menon, E., Zulian, L., Faraguna, D., & Csibra, G. (2005) Newborns' preference for face-relevant stimuli : effects of contrast polarity. *Proceedings of the National Academy of Sciences of the United States of America*, **102**, 17245-17250.

Feldman, R., Gordon, I., & Zagoory-Sharon, O. (2010) The cross-generation transmission of oxytocin in humans. *Hormones and Behavior*, **58**, 669-676.

Ferrari, P. F., Vanderwert, R. E., Paukner, A., Bower, S., Suomi, S. J., & Fox, N. A. (2012) Distinct EEG amplitude suppression to facial gestures as evidence for a mirror mechanism in newborn monkeys. *Journal of Cognitive

Neuroscience, **24**, 1165-1172.

Ferrari, P. F., Visalberghi, E., Paukner, A., Fogassi, L., Ruggiero, A., & Suomi, S. J. (2006) Neonatal imitation in rhesus macaques. *PLoS Biology*, **4** (9) : e302.

Flavell, J. (1974) *The development of inferences about others.* In T. Mischel (Ed.), Understanding other persons. Oxford : Blackwell, pp. 66-116.

Fontaine, R. (1984) Imitative skills between birth and six months. *Infant Behavior and Development*, **7**, 323-333.

Frith, U. (1989) Autism and "Theory of Mind". In C. Gillberg (Ed.), Diagnosis and Treatment of Autism. New York : Plenum Press, pp. 33-52.

Frith, U. (2001) Mind blindness and the brain in autism. *Neuron*, **32** (6), 969-979.

Gergely, G., Bekkering, H., & Király, I. (2002) Rational imitation in preverbal infants. *Nature*, **415**, 755.

Gervais, H., Belin, P., Boddaert, N., Leboyer, M., Coez, A., Sfaello, I., et al. (2004) Abnormal cortical voice processing in autism. *Nature Neuroscience*, **7**, 801-802.

Gordon, I., Jack, A., Pretzsch, C. M., Wyk, B. V., Leckman, J. F., Feldman, R., et al. (2016) Intranasal oxytocin enhances connectivity in the neural circuitry supporting social motivation and social perception in children with autism. *Scientific Reports*, **6** : 35054.

Gredebäck, G., Fikke, L., & Melinder, A. (2010) The development of joint visual attention : a longitudinal study of gaze following during interactions with mothers and strangers. *Developmental Science*, **13**, 839-848.

Grossmann, T., Parise, E., & Friederici, A. D. (2010) The detection of communicative signals directed at the self in infant prefrontal cortex. *Frontiers in Human Neuroscience*, **4** (201) : 12.

Hamlin, J. K., Wynn, K., & Bloom, P. (2007) Social evaluation by preverbal infants. *Nature*, **450** (7169), 557-559.

Heinrichs, M., von Dawans, B., & Domes, G. (2009) Oxytocin, vasopressin, and human social behavior. *Frontiers in*

Neuroendocrinology, **30**, 548–557.

Hill, E., Berthoz, S., & Frith, U. (2004) Cognitive processing of own emotions in individuals with autistic spectrum disorder and in their relatives. *Journal of Autism and Developmental Disorders,* **34**, 229–235.

平井真洋（二〇一二）身体・身体運動知覚に関する発達認知神経科学研究とその展望．ベビーサイエンス、第一〇巻、六–二五頁．

Hirai, M., & Kanakogi, Y. (2019) Communicative hand-waving gestures facilitate object learning in preverbal infants. *Developmental Science,* e12787.

Hoffman, M. L. (2000) *Empathy and moral development : implications for caring and justice.* Cambridge University Press. Cambridge, UK.

Iacoboni, M., & Dapretto, M. (2006) The mirror neuron system and the consequences of its dysfunction. *Nature Reviews Neuroscience,* **7**, 942–951.

Imafuku, M., Hakuno, Y., Uchida-Ota, M., Yamamoto, J., & Minagawa, Y. (2014) "Mom called me!" Behavioral and prefrontal responses of infants to self-names spoken by their mothers. *NeuroImage,* **103**, 476–484.

Isomura, T., & Nakano, T. (2016) Automatic facial mimicry in infants. *Proceedings of the Royal Society B,* **283** : 20161948.

James, W. (1884) What is an emotion ? *Mind* os-IX. 188–205.

Johnson, M. H., Dziurawiec, S., Ellis, H. D. & Morton, J. (1991) Newborns' preferential tracking of faces and its subsequent decline. *Cognition,* **40**, 1–19.

Jones, S. S. (1996) Imitation or exploration ? young infants' matching of adults' oral gestures. *Child Development,* **67**, 1952–1969.

Jones, S. S. (2007) Imitation in infancy : the development of mimicry. *Psychological Science,* **18**, 593–599.

Jones, W., & Klin, A. (2013) Attention to eyes is present but in decline in 2-6 month-olds later diagnosed with autism. *Nature,* **504**, 427-431.

Kahana-Kalman, R., & Walker-Andrews, A. S. (2001) The Role of Person Familiarity in Young Infants' Perception of Emotional Expressions. *Child Development,* **72** (2), 352-369.

Kanakogi, Y., Okumura, Y., Inoue, Y., Kitazaki, M., & Itakura, S. (2013) Rudimentary sympathy in preverbal infants : preference for others in distress. *PLoS ONE,* **8** (6) : e65292.

Kennedy, D. P., & Adolphs, R. (2012) The social brain in psychiatric and neurological disorders. *Trends in Cognitive Sciences,* **16** (11), 559-572.

Kisilevsky, B. S, Hains, S. M. J., Lee, K., Xie, X., Huang, H., Ye, H. H., et al. (2003) Effects of experience on fetal voice recognition. *Psychological science,* **14**, 220-224.

Klin, A., Lin, D. J., Gorrindo, P., Ramsay, G., & Jones, W. (2009) Two-year-olds with autism orient to non-social contingencies rather than biological motion. *Nature,* **459**, 257-261.

Korb, S., Malsert, J., Malsert, J., & Niedenthal, P. M. (2016) Sniff and mimic-Intranasal oxytocin increases facial mimicry in a sample of men. *Hormones and Behavior,* **84**, 64-74.

Magnée, M. J. C. M., de Gelder, B., van Engeland, H., & Kemner, C. (2007) Facial electromyographic responses to emotional information from faces and voices in individuals with pervasive developmental disorder. *Journal of Child Psychology and Psychiatry,* **48** (11), 1122-1130.

Maister, L., Tang, T., & Tsakiris, M. (2017) Neurobehavioral evidence of interoceptive sensitivity in early infancy. *eLife,* **6** : e25318.

McIntosh, D. N., Reichmann-Decker, A., Winkielman, P., & Wilbarger, J. L. (2006) When the social mirror breaks : deficits in automatic, but not voluntary, mimicry of emotional facial expressions in autism. *Developmental Sci-*

ence, **9** (3), 295–302.

Meltzoff, A. N., & Moore, M. K. (1977) Imitation of facial and manual gestures by human neonates. *Science*, **198**, 75–78.

Meltzoff, A. N., & Moore, M. K. (1997) Explaining facial imitation : a theoretical model. *Early Development and Parenting*, **6**, 179–192.

Miyake, A., Friedman, N. P., Emerson, M. J., Witzki, A.H., Howerter, A., & Wager, T.D. (2000). The unity and diversity of executive functions and their contributions to complex "Frontal Lobe" tasks : a latent variable analysis. *Cognitive Psychology*, **41** (1), 49–100.

Moll, H., & Meltzoff, A. N. (2011) How does it look ? level 2 perspective-taking at 36 months of age. *Child Development*, **82** (2), 661–673.

Moll, H., & Tomasello, M. (2006) Level 1 perspective-taking at 24 months of age. *British Journal of Developmental Psychology*, **24**, 603–613.

Mundy, P., & Newell, L. (2007) Attention, joint attention, and social cognition. *Current Directions in Psychological Science*, **16** (5), 269–274.

Myowa-Yamakoshi, M., Tomonaga, M., Tanaka, M., & Matsuzawa, T. (2004) Imitation in neonatal chimpanzees (Pan troglodytes). *Developmental Science*, **7** (4), 437–442.

Onishi, K. H., & Baillargeon, R. (2005) Do 15-month-old infants understand false beliefs ? *Science*, **308** (5719), 255–258.

Oostenbroek, J., Suddendorf, T., Nielsen, M., Redshaw, J., Kennedy-Costantini, S., Davis, J., et al. (2016) Comprehensive longitudinal study challenges the existence of neonatal imitation in humans. *Current Biology*, **26**, 1334–1338.

Osterling, J. A., Dawson, G., & Munson, J. A. (2002) Early recognition of 1-year-old infants with autism spectrum disorder versus mental retardation. *Development and Psychopathology,* **14** (2), 239-151.

Over, H., & Carpenter, M. (2012) Putting the social into social learning : explaining both selectivity and fidelity in children's copying behavior. *Journal of Comparative Psychology,* **126**, 182-192.

Pfeifer, J. H., Iacoboni, M., Mazziotta, J. C., & Dapretto, M. (2009) Mirroring others' emotions relates to empathy and interpersonal competence in children. *NeuroImage,* **39**, 2076-2085.

Piaget, J., & Inhelder, B. (1956) *The child's conception of space*. London : Routledge & Kegan Paul.

Pierce, K., Conant, D., Hazin, R., Stoner, R., & Desmond, J. (2011) Preference for geometric patterns early in life as a risk factor for autism. *Archives of General Psychiatry,* **68** (1), 101-109.

Pierce, K., Muller, R.A., Ambrose, J., Allen, G., & Courchesne, E. (2001) Face processing occurs outside the fusiform 'face area' in autism : evidence from functional MRI. *Brain,* **124**, 2059-2073.

Rizzolatti, G., & Luppino, G. (2001) The cortical motor system. *Neuron,* **31** (6), 889-901.

Rogers, S. J., & Willams, J. H. G. (Eds.). (2006) *Imitation and the social mind : Autism and typical development.* New York, NY, US : Guilford Press.

Rogers, S. J., Hepburn, S. L., Stackhouse, T., & Wehner, E. (2003) Imitation performance in toddlers with autism and those with other developmental disorders. *Journal of Child Psychology and Psychiatry,* **44**, 763-781.

Schandry, R. (1981) Heart beat perception and emotional experience. *Psychophysiology* **18**, 483-488.

Schellenberg, E. G., Corrigall, K. A., Dys, S. P., & Malti, T. (2015) Group music training and children's prosocial skills. *PLoS One,* **10** : e0141449.

Senju, A., & Csibra, G. (2008) Gaze following in human infants depends on communicative signals. *Current Biology,* **18**, 668-671.

Shah, P., Hall, R., Catmur, C., & Bird, G. (2016) Alexithymia, not autism, is associated with impaired interoception. *Cortex*, **81**, 215-220.

Shamay-Tsoory, S. G. (2011) The neural bases for empathy. *Neuroscientist*, **17** (1), 18-24.

Sifneos, P. E. (1973) The prevalence of 'alexithymic' characteristics in psychosomatic patients. *Psychother Psychosom*, **22** (2), 255-262.

Simion, F., Regolin, L., & Bulf, H. (2008) A predisposition for biological motion in the newborn baby. *Proceedings of the National Academy of the United States of America*, **105**, 809-813.

Simpson, E. A., Sclafani, V., Paukner, A., Hamel, A., Novak, M. A., Meyer, J. S., et al. (2014) Inhaled oxytocin increases positive social behaviors in newborn macaques. *Proceedings of the National Academy of the United States of America*, **111**, 6922-6927.

Singer, T., Seymour, B., O'Doherty, J., Kaube, H., Dolan, R. J., & Frith, C. D. (2004) Empathy for pain involves the affective but not sensory components of pain. *Science*, **303** (5661), 1157-1162.

Sonuga-Barke, E. J. (2003) The dual pathway model of AD/HD : an elaboration of neuro-developmental characteristics. *Neuroscience and Biobehavioral Reviews*, **27** (7), 593-604.

Suddendorf, T., Oostenbroek, J., Nielsen, M., & Slaughter, V. (2013) Is newborn imitation developmentally homologous to later social-cognitive skills. *Developmental Psychology*, **55**, 52-58.

Tomasello, M. (1995) *Understanding the self as social agent.* In P. Rochat (Ed.), The self in infancy : Theory and research. Amsterdam : Elsevier.

Vouloumanos, A., & Werker, J. F. (2007) Listening to language at birth : evidence for a bias for speech in neonates. *Developmental Science*, **10**, 159-164.

Wagennaar, W. A. (1986) My memory : a study of autobiographical memory over six years. *Cognitive Psychology*,

18 (2), 225–252.

Walker, A. (1982) Intemmdal perception of expressive behaviors by human infants. *Journal of Experimental Child Psychology,* **33**, 514–535.

Warneken, F., & Tomasello, M. (2006) Altruistic helping in human infants and young chimpanzees. *Science,* **311** (5765), 1301–1303.

Warneken, F., & Tomasello, M. (2007) Helping and cooperation at 14 months of age. *Infancy,* **11** (3), 271–294.

Warneken, F., & Tomasello, M. (2009) Varieties of altruism in children and chimpanzees. *Trends in Cognitive Science,* **13** (9), 397–402.

Widen, S. C., & Russell, J. A. (2008) Children acquire emotion categories gradually. *Cognitive Development,* **23**, 291–312.

Wimmer, H., & Perner, J. (1983) Beliefs about beliefs : representation and constraining function of wrong beliefs in young children's understanding of deception. *Cognition,* **13** (1), 103–128.

Yoshimura, S., Sato, W., Uono, S., & Toichi, M. (2015) Impaired overt facial mimicry in response to dynamic facial expressions in high-functioning autism spectrum disorders. *Journal of Autism and Developmental Disorders,* **45** (5),1318–1328.

Zmyj, N., Buttelmann, D., Carpenter, M., & Daum, M. M. (2010) The reliability of a model influences 14-month-olds' imitation. *Journal of Experimental Child Psychology,* **106**, 208–220.

第3章

Aldridge, M. A., Braga, E. S., Walton, G. E., & Bower, T. G. B. (1999) The intermodal representation of speech in newborns. *Developmental Science,* **2**, 42–46.

Altvater-Mackensen, N., & Grossmann, T. (2016) The role of left inferior frontal cortex during audiovisual speech perception in infants. *NeuroImage,* **133**, 14-20.

Amano, S., Nakatani, T., & Kondo, T. (2006) Fundamental frequency of infants' and parents' utterances in longitudinal recordings. *The Journal of the Acoustical Society of America,* **119**, 1636-1647.

Bergelson, E., & Swingley, D. (2012) At 6-9 months, human infants know the meanings of many common nouns. *Proceedings of the National Academy of Sciences of the United States of America,* **109** (9), 3253-3258.

Bernstein, L. E., & Liebenthal, E. (2014) Neural pathways for visual speech perception. *Frontiers of Neuroscience,* **8** : 386.

Bettes, B. (1988) Maternal depression and motherese : temporal and intonational features. *Child Development,* **59**, 1089-1096.

Brooks, R., & Meltzoff, A. N. (2005) The development of gaze following and its relation to language. *Developmental Science,* **8**, 535-543.

Chen, X., Striano, T., & Rakoczy, H. (2004) Auditory-oral matching behavior in newborns. *Developmental Science,* **7**, 42-47.

Conboy, B. T., Brooks, R., Meltzoff, A. N., & Kuhl, P. K. (2015) Social interaction in infants' learning of second-language phonetics : an exploration of brain-behavior relations. *Developmental Neuropsychology,* **40** (4), 216-229.

Coulon, M., Hemimou, C., & Streri, A. (2013) Effects of seeing and hearing vowels on neonatal facial imitation. *Infancy,* **18**, 782-796.

DePaolis, R. A., Vihman, M. M., & Nakai, S. (2013) The influence of babbling patterns on the processing of speech. *Infant Behavior and Development,* **36**, 642-649.

Dodd, B. (1979) Lip reading in infants : attention to speech presented in- and out-of-synchrony. *Cognitive Psycholo-*

gy, **11**, 478-484.

Eskelund, K., MacDonald, E., & Andersen, T. S. (2015) Face configuration affects speech perception : evidence froma McGurk mismatch negativity study. *Neuropsychologia,* **66**, 48-54.

Feldman, R. (2009) The development of regulatory functions from birth to 5 years : insights from premature infants. *Child Development,* **80** (2), 544-561.

Fenson, L., Dale, P. S., Reznick, J. S., Bates, E., Thal, D. J., & Pethick, S. J. (1994) Variability in early communicative development. *Monographs of the Society for Research in Child Development,* **59** (5), 174-185.

Fernald, A. (1985) Four-month-old infants prefer to listen to motherese. *Infant Behavior and Development,* **8**, 181-195.

Fernald, A. (1992) *Human maternal vocalizations to infants as biologically relevant signals : an evolutionary perspective.* In The Adapted Mind ; Barkhow, J. H., Cosmides, L., Tooby, J., Eds. ; Oxford University Press : New York, UK, pp. 391-428.

Frith, C. D., & Frith, U. (2006) The neural basis of mentalizing. *Neuron,* **50**, 531-534.

Gratier, M., Devouche, E., Guellai, B., Infanti, R., Yilmaz, E., & Parlato-Oliveira, E. (2015) Early development of turn-taking in vocal interaction between mothers and infants. *Frontiers in Psychology,* **6** : 1167.

Green, J. R., Nip, I. S. B., Wilson, A. M., Mefferd, A. S., & Yunusova, Y. (2010) Lip movement exaggerations during infant-directed speech. *Journal of Speech, Language, and Hearing Research,* **53**, 1529-1542.

Hilbrink, E., Gattis, M., & Levinson, S. C. (2015) Early developmental changes in the timing of turn-taking : a longitudinal study of mother-infant interaction. *Frontiers in Psychology,* **6** : 1492.

Homae, F., Watanabe, H., Nakano, T., Asakawa, K., & Taga, G. (2006) The right hemisphere of sleeping infant perceives sentential prosody. *Neuroscience Research,* **54**, 276-280.

Imada, T., Zhang, Y., Cheour, M., Taulu, S., Ahonen, A., & Kuhl, P. K. (2006) Infant speech perception activates Broca's area : a developmental magnetoencephalography study. *Neuroreport,* **17**, 957–962.

Imafuku, M., & Myowa-Yamakoshi, M. (2016) Developmental change in sensitivity to audiovisual speech congruency and its relation to language in infants. *Psychologia,* **59** (4), 163–172.

Imafuku, M., Kanakogi, Y., Butler, D., & Myowa, M. (2019) Demystifying infant vocal imitation : the roles of mouth looking and speaker's gaze. *Developmental Science.*

今福理博・大橋喜美子・明和政子（二〇一六）大人の発話スタイルが乳児の顔注視行動に与える影響——歌いかけ（Infant-Directed Singing）に着目して．音声研究，第二〇巻第二号，四八–五七頁．

Kawasaki, M., Yamada, Y., Ushiku, Y., Miyauchi, E., & Yamaguchi, Y. (2013) Inter-brain synchronization during coordination of speech rhythm in human-to-human social interaction. *Scientific Reports,* **3** : 1692.

小林哲生・奥村優子・南泰治（二〇一六）語彙チェックリストアプリによる幼児語彙発達データ収集の試み．電子情報通信学会技術報告会，第一一五巻第四一八号，一–六頁．

Kuhl, P. K. (2000) A new view of language acquisition. *Proceedings of the National Academy of Sciences of the United States of America,* **97**, 11850–11857.

Kuhl, P. K. (2004) Early language acquisition : cracking the speech code. *Nature Reviews Neuroscience,* **5**, 831–843.

Kuhl, P. K. (2007) Is speech learning 'gated' by the social brain ? *Developmental Science,* **10** (1), 110–120.

Kuhl, P. K. (2010) Brain mechanisms in early language acquisition. *Neuron,* **67** (5), 713–727.

Kuhl, P. K., & Meltzoff, A. N. (1982) The bimodal perception of speech in infancy. *Science,* **218**, 1138–1141.

Kuhl, P. K., & Meltzoff, A. N. (1984) The intermodal representation of speech in infants. *Infant Behavior and Development,* **7**, 361–381.

Kuhl, P. K., & Meltzoff, A. N. (1996) Infant vocalization in response to speech : vocal imitation and developmental change. *Journal of the Acoustical Society of America,* **100**, 2425–2438.

Kuhl, P. K., Ramirez, R. R., Bosseler, A., Lotus Lin, J. F., & Imada, T. (2014) Infants' brain responses to speech suggest analysis by synthesis. *Proceedings of the National Academy of Sciences of the United States of America,* **111**, 11238–11245.

Kuhl, P. K., Stevens, E., Hayashi, A., Deguchi, T., Kiritani, S., & Iverson, P. (2006) Infants show a facilitation effect for native language phonetic perception between 6 and 12 months. *Developmental Science,* **9**, 13–21.

Kuhl, P. K., Tsao, F. M., & Liu, H. M. (2003) Foreign–language experience in infancy : effects of short–term exposure and social interaction on phonetic learning. *Proceedings of the National Academy of the United States of America,* **100** (15), 9096–9101.

Kuhl, P. K., Williams, K. A., & Meltzoff, A. N. (1991) Cross–modal speech perception in adults and infants using nonspeech auditory stimuli. *Journal of Experimental Psychology : Human Perception and Performance,* **17**, 829–840.

Kushnerenko, E., Teinonen, T., Volein, A., & Csibra, G. (2008) Electrophysiological evidence of illusory audiovisual speech percept in human infants. *Proceedings of the National Academy of Sciences of the United States of America,* **105**, 11442–11445.

Legerstee, M. (1990) Infants use multimodal information to imitate speech sounds. *Infant Behavior and Development,* **13**, 345–356.

Levinson, S. C. (2016) Turn–taking in human communication–origins and implications for language processing. *Trends in Cognitive Sciences,* **20**, 6–14.

Lewkowicz, D. J., & Hansen–Tift, A. M. (2012) Infants deploy selective attention to the mouth of a talking face when leaning speech. *Proceedings of the National Academy of Sciences of the United States of America,* **109**, 1431–

1436.
Liberman, A. M., & Mattingly, I. G. (1985) The motor theory of speech perception revised. *Cognition,* **21**, 1-36.
Liu, H-M., Kuhl, P. K., & Tsao, F-M. (2003) An association between mothers' speech clarity and infants' speech discrimination skills. *Developmental Science,* **6**, F1-F10.
Mampe, B., Friederici, A. D., Christophe, A., & Wermke, K. (2009) Newborns' cry melody is shaped by their native language. *Current Biology,* **19** (23), 1994-1997.
松田佳尚（二〇一四）対乳児発話（マザリーズ）を処理する親の脳活動と経験変化．ベビーサイエンス、第一四号、二二-三三頁．
Matsuda, Y., Ueno, K., Waggoner, R. A., Erickson, D., Shimura, Y., Tanaka, K., et al. (2011) Processing of infant-directed speech by adults. *NeuroImage,* **54**, 611-621.
McGurk, H., & MacDonald, J. (1976) Hearing lips and seeing voices. *Nature,* **264** (5588), 746-748.
Moon, C., Lagercrantz, H., & Kuhl, P. K. (2013) Language experienced in utero affects vowel perception after birth : a two-country study. *Acta Paediatrica,* **102**, 156-160.
Nakata, T., & Trehub, S. E. (2004) Infants' responsiveness to maternal speech and singing. *Infant Behavior and Development,* **27**, 455-464.
Newman-Norlund, S. E., Noordzij, M. L., Newman-Norlund, R. D., Volman, I. A. C., Ruiter, J. P., Hagoort, P., et al. (2009) Recipient design intacit communication. *Cognition,* **111**, 46-54.
大橋喜美子・今福理博・明和政子（二〇一四）乳児は絵本読み聞かせ場面で何を学んでいるのか．日本赤ちゃん学会第14回学術集会、P-20．
Over, H., & Carpenter, M. (2012) Putting the social into social learning : explaining both selectivity and fidelity in children's copying behavior. *Journal of Comparative Psychology,* **126**, 182-192.

Patterson, M. L., & Werker, J. F. (1999) Matching phonetic information in lips and voice is robust in 4.5-month-old infants. *Infant Behavior and Development,* **22**, 237-247.

Patterson, M. L., & Werker, J. F. (2003) Two-month-old infants match phonetic information in lips and voice. *Developmental Science,* **6**, 191-196.

Pons, F., Lewkowicz, D. J., Soto-Faraco, S., & Sebastián-Gallés, N. (2009) Narrowing of intersensory speech perception in infancy. *Proceedings of the National Academy of Sciences of the United States of America,* **106**, 10598-10602.

Putzar, L., Goerendt, I., Lange, K., Rösler, F., & Röder, B. (2007) Early visual deprivation impairs multisensory interactions in humans. *Nature Neuroscience,* **10** (10), 1243-1245.

Ramírez-Esparza, N., García-Sierra, A., & Kuhl, P. K. (2014) Look who's talking : speech style and social context in language input to infants are linked to concurrent and future speech development. *Developmental Science,* **17**, 880-891.

Shenfield, T., Trehub, S., & Nakata, T. (2003) Maternal singing modulates infant arousal. *Psychology of Music,* **31**, 365-375.

Shinya, Y., Kawai, M., Niwa, F., Imafuku, M., & Myowa, M. (2017) Fundamental frequency variation of neonatal spontaneous crying predicts language acquisition in preterm and term infants. *Frontiers in Psychology,* **8** : 2195.

Tanaka, Y., Fukushima, H., Okanoya, K., & Myowa-Yamakoshi, M. (2014) Mothers' multimodal information processing is modulated by multimodal interactions with their infants. *Scientific Reports,* **4** : 6623.

Teinonen, T., Fellman, V., Näätänen, R., Alku, P., & Huotilainen, M. (2009) Statistical language learning in neonates revealed by event-related brain potentials. *BMC Neuroscience,* **10** : 21.

Tomasello, M. (2003) *Constructing a language. Cambridge,* MA : Harvard University Press.

Tomasello, M. (1995) *Understanding the self as social agent.* In P. Rochat (Ed.), The self in infancy : Theory and research. Amsterdam : Elsevier.

Trehub, S. E., & Trainor, L. J. (1998) Singing to infants : lullabies and play songs. *Advances in Infancy Research,* **12**, 43-77.

Wang, Y., & Hamilton, A. (2012) Social top-down response modulation (STORM) : a model of the control of mimicry in social interaction. *Frontiers in Human Neuroscience,* **6** : 153.

Wang, Y., Newport, R., & Hamilton, A. (2011a) Eye contact enhances mimicry of intransitive hand movements. *Biology Letter,* **7**, 7-10.

Wang, Y., Ramsey, R., & Hamilton, A. (2011b) The control of mimicry by eye contact is mediated by medial prefrontal cortex. *The Journal of Neuroscience,* **31**, 12001-12010.

Weikum, W. M., Vouloumanos, A., Navarra, J., Soto-Faraco, S., Sebastián-Gallés, N., & Werker, J. F. (2007) Visual language discrimination in infancy. *Science,* **316** (5828), 1159.

Yeung, H. H., & Werker, J. F. (2009) Learning words' sounds before learning how words sound : 9-month-old infants use distinct objects as cues to categorize speech information. *Cognition,* **113**, 234-243.

Yeung, H. H., & Werker, J. F. (2013) Lip movements affect infants' audiovisual speech perception. *Psychological Science,* **24**, 603-612.

Young, G. S., Merin, N., Rogers, S. J., & Ozonoff, S. (2009) Gaze behavior and affect at 6 months : predicting clinical outcomes and language development in typically developing infants and infants at risk for autism. *Developmental Science,* **12**, 798-814.

第4章

Aarnoudse-Moens, C. S., Weisglas-Kuperus, N., van Goudoever, J. B., & Oosterlaan, J. (2009) Meta-analysis of neurobehavioral outcomes in very preterm and/or very low birth weight children. *Pediatrics,* **124** (2), 717-728.

Altvater-Mackensen, N., & Grossmann, T. (2015) Learning to match auditory and visual speech cues : social influences on acquisition of phonological categories. *Child Development,* **86**, 362-378.

Apter-Levy, Y., Feldman, M., Vakart, A., Ebstein, R. P., & Feldman, R. (2013) Impact of maternal depression across the first 6 years of life on the child's mental health, social engagement, and empathy : the moderating role of oxytocin. *American Journal of Psychiatry,* **170** (10), 1161-1168.

Bilgin, A., & Wolke, D. (2015) Maternal sensitivity in parenting preterm children : a meta-analysis. *Pediatrics,* **136** (1), e177-193.

Blencowe, H., Cousens, S., Oestergaard, M. Z., Chou, D., Moller, A. B., Narwal, R., et al. (2012) National, regional, and worldwide estimates of preterm birth rates in the year 2010 with time trends since 1990 for selected countries : a systematic analysis and implications. *Lancet,* **379**, 2162-2172.

Carson, C., Redshaw, M., Gray, R., & Quigley, M. A. (2015) Risk of psychological distress in parents of preterm children in the first year : evidence from the UK Millennium Cohort Study. *BMJ Open,* **5** : e007942.

Caskey, M., Stephens, B., Tucker, R., & Vohr, B. (2014) Adult talk in the NICU with preterm infants and developmental outcomes. *Pediatrics,* **133**, e578-e584.

Caskey, M., Stephens, B., Tucker, R., & Vohr, B. (2011) Importance of parent talk on the development of preterm infant vocalizations. *Pediatrics,* **128**, 910-916.

De Schuymer, L., De Groote, I., Desoete, A., & Roeyers, H. (2012) Gaze aversion during social interaction in preterm infants : a function of attention skills ? *Infant Behavior and Development,* **35**, 129–139.

De Schuymer, L., De Groote, I., Striano, T., Stahl, D., & Roeyers, H. (2011) Dyadic and triadic skills in preterm and full term infants : a longitudinal study in the first year. *Infant Behavior and Development,* **34**, 179–188.

D'Onofrio, B. M., Class, Q. S., Rickert, M. E., Larsson, H., Långström, N., & Lichtenstein, P. (2013) Preterm birth and mortality and morbidity : a population-based quasi-experimental study. *JAMA Psychiatry,* **70**, 1231–1240.

Feldman, R. (2015) Sensitive periods in human social development : new insights from research on oxytocin, synchrony, and high-risk parenting. *Developmental Psychopathology,* **27** (2), 369–395.

Feldman, R., Granat, A., Pariente, C., Kanety, H., Kuint, J., & Gilboa-Schechtman, E. (2009) Maternal depression and anxiety across the postpartum year and infant social engagement, fear regulation, and stress reactivity. *Journal of the American Academy of Child and Adolescent Psychiatry,* **48** (9), 919–927.

Feldman, R., Rosenthal, Z., & Eidelman, A. I. (2014) Maternal-preterm skin-to-skin contact enhances child physiologic organization and cognitive control across the first 10 years of life. *Biological Psychiatry,* **75** (1), 56–64.

Filippa, M., Devouche, E., Arioni, C., Imberty, M., & Gratier, M. (2013) Live maternal speech and singing have beneficial effects on hospitalized preterm infants. *Acta Paediatrica,* **102**, 1017–1020.

Foster-Cohen, S., Edgin, J. O., Champion, P. R., & Woodward, L. J. (2007) Early delayed language development in very preterm infants : evidence from the MacArthur-Bates CDI. *Journal of Child Language,* **34**, 655–675.

Han, Z., Mulla, S., Beyene, J., Liao, G., McDonald, S. D., & Knowledge Synthesis Group. (2011) Maternal underweight and the risk of preterm birth and low birth weight : a systematic review and meta-analyses. *International Journal of Epidemiology,* **40** (1), 65–101.

Harel, H., Gordon, I., Geva, R., & Feldman, R. (2010) Gaze behaviors of preterm and full-term infants in nonsocial and social contexts of increasing dynamics : visual recognition, attention regulation, and gaze synchrony. *Infan-*

cy, **16**, 69-90.

Henderson, J., Carson, C., & Redshaw, M. (2016) Impact of preterm birth on maternal well-being and women's perceptions of their baby : a population-based survey. *BMJ Open,* **6** : e012676.

Huizink, A. C., & Mulder, E. J. H. (2006) Maternal smoking, drinking or cannabis use during pregnancy and neurobehavioral and cognitive functioning in human offspring. *Neuroscience and Biobehavioral Reviews,* **30**, 24-41.

Imafuku, M., Kawai, M., Niwa, F., Shinya, Y., & Myowa-Yamakoshi, M. (2017) Preference for human images and gaze-following are associated with social communication outcomes in preterm and term children. *Infancy,* **22** (2), 223-239.

Imafuku, M., Kawai, M., Niwa, F., Shinya, Y., & Myowa, M. (2019) Audiovisual Speech Perception and Language Acquisition in Preterm Infants : A Longitudinal Study. *Early Human Development,* **128**, 93-100.

Inder, T. E., Warfield, S. K., Wang, H., Huppi, P. S., & Volpe, J. J. (2005) Abnormal cerebral structure is present at term in premature infants. *Pediatrics,* **115**, 286-294.

Johnson, S., Hennessy, E., Smith, R., Trikic, R., Wolke, D., & Marlow, N. (2009) Academic attainment and special educational needs in extremely preterm children at 11 years of age : the EPICure study. Archives of Disease in Childhood. *Fetal and Neonatal Edition,* **94** (4), F283-289.

厚生労働省（二〇一八ａ）平成二九年度 児童相談所での児童虐待相談対応件数〈速報値〉．厚生労働省ホームページ（https://www.mhlw.go.jp/content/11901000/000348313.pdf）（最終アクセス日：二〇一九年一月二一日）．

厚生労働省（二〇一八ｂ）平成三〇年度版我が国の人口動態：平成二八年までの動向．厚生労働省ホームページ（https://www.mhlw.go.jp/english/database/db-hw/dl/81-1a2en.pdf）（最終アクセス日：二〇一九年一月二一日）．

Laurent, H. K., & Ablow, J. C. (2013) A face a mother could love : depression-related maternal neural responses to infant emotion faces. *Social Neuroscience,* **8** (3), 228–239.

Li, H., Xue, Z., Ellmore, T. M., Frye, R. E., & Wong, S. T. (2014) Network-based analysis reveals stronger local diffusion-based connectivity and different correlations with oral language skills in brains of children with high functioning autism spectrumdisorders. *Human Brain Mapping,* **35**, 396–413.

Lindström, K., Lindblad, F., & Hjern, A. (2011) Preterm birth and attention-deficit/hyperactivity disorder in schoolchildren. *Pediatrics,* **127** (5), 858–865.

Livera, M. D., Priya, B., Ramesh, A., Suman Rao, P. N., Srilakshmi, V., Nagapoornima, M., et al. (2008) Spectral analysis of noise in the neonatal intensive care unit. *Indian Journal of Pediatrics,* **75**, 217–222.

Montagna, A., & Nosarti, C. (2016) Socio-emotional development following very preterm birth : pathways to psychopatholog. *Frontiers in Psychology,* **7** : 80.

Musser, E. D., Ablow, J. C., & Measelle, J. R. (2012) Predicting maternal sensitivity : the roles of postnatal depressive symptoms and parasympathetic dysregulation. *Infant Mental Health Journal,* **33** (4), 350–359.

Naoi, N., Fuchino, Y., Shibata, M., Niwa, F., Kawai, M., Konishi, Y., et al. (2013) Decreased right temporal activation and increased interhemispheric connectivity in response to speech in preterm infants at term-equivalent age. *Frontiers in Psychology,* **4** : 94.

O'Hara, M. W., & Swain, A. M. (1996) Rates and risk of postpartum depression—A meta-analysis. *International Review of Psychiatry,* **8**, 37–54.

Paulson, J. F., Dauber, S., & Leiferman, J. A. (2006) Individual and combined effects of postpartum depression in mothers and fathers on parenting behavior. *Pediatrics,* **118** (2), 659–668.

Peterson, B. S., Anderson, A. W., Ehrenkranz, R., Staib, L. H., Tageldin, M., Colson, E., et al. (2003) Regional brain volumes and their later neurodevelopmental correlates in term and preterm infants. *Pediatrics,* **111**, 939–948.

Pickens, J., Field, T., Nawrocki, H., Martinez, A., Soutullo, D., & Gonzalez, J. (1994) Full-term and preterm infants' perception of face-voice synchrony. *Infant Behavior and Development,* **17**, 447-455.

Pratt, M., Goldstein, A., Levy, J., & Feldman, R. (2017) Maternal depression across the first years of life impacts the neural basis of empathy in preadolescence. *Journal of the American Academy of Child and Adolescent Psychiatry,* **56** (1) : 20.

Robb, L. (1999) Emotional musicality in mother-infant vocal affect, and an acoustic study of postnatal depression. *Musicae Scientiae,* **3** (1), 123-154.

Saigal, S., & Doyle, L.W. (2008) An overview of mortality and sequelae of preterm birth from infancy to adulthood. *Lancet,* **371**, 261-269.

Sakai, T., Hirata, S., Fuwa, K., Sugama, K., Kusunoki, K., Makishima, H., et al. (2012) Fetal brain development between chimpanzees and humans. *Current Biology,* **22** (18), R791-R792.

Sansavini, A., Guarini, A., Savini, S., Brocco Li, S., Justice, L., Alessandroni, R., et al. (2011) Longitudinal trajectories of gestural and linguistic abilities in very preterm infants in the second year of life. *Neuropsychology,* **49**, 3677-3688.

Sekiyama, K., &Tohkura, Y. (1993) Inter-language differences in the influence of visual cues in speech perception. *Journal of Phonetics,* **21**, 427-444.

Swain, J. E., Kim, P., Spicer, J., Ho, S. S., Dayton, C. J., Elmadih, A., & Abel, K. M. (2014) Approaching the biology of human parental attachment : brain imaging, oxytocin and coordinated assessments of mothers and fathers. *Brain Research,* **1580**, 78-101.

友田明美（二〇一一）児童虐待が脳に及ぼす影響——脳科学と子どもの発達、行動．脳と発達、第四三巻第五号、三四五-三五一頁．

友田明美（二〇一六）被虐待者の脳科学研究（特集 子ども虐待とケア）．児童青年精神医学とその近接領域，第五七巻第五号，七一九-七二九頁．

Wolke, D., Samara, M., Bracewell, M., & Marlow, N. (2008) Specific language difficulties and school achievement in children born at 25 weeks of gestation or less. *Journal of Pediatrics,* **152** (2), 256-262.

第5章

Anderson, D. R., & Pempek, T. A. (2005) Television and very young children. *American Behavioral Scientist,* **48** (5), 505-522.

安藤寿康（二〇一八）なぜヒトは学ぶのか――教育を生物学的に考える．講談社現代新書．

Bandura, A. (1977) *Social learning theory*. Englewood Cliffs, NJ : Prentice Hall.

ベネッセ次世代育成研究所（二〇一二）第2回妊娠出産子育て基本調査．

ベネッセ教育総合研究所（二〇一七）第2回乳幼児の親子のメディア活用調査．ベネッセ教育総合研究所報告書（https://berd.benesse.jp/up_images/research/sokuhou_2-nyuyoji_media_all.pdf）（最終アクセス日：二〇一九年一月二一日）．

Blakemore, S-J., & Mills, K. L. (2014) Is adolescence a sensitive period for sociocultural processing ? *Annual Review of Psychology,* **65**, 187-207.

Brooks, R., & Meltzoff, A. N. (2015) Connecting the dots from infancy to childhood : a longitudinal study connecting gaze following, language, and explicit theory of mind. *Journal of Experimental Child Psychology,* **130**, 67-78.

Carlson, S. M., Moses, L. J., & Breton, C. (2002) How specific is the relation between executive function and theory of mind ? contributions of inhibitory control and working memory. *Infant and Child Development,* **11**, 73-92.

Casey, B. J., Jones, R. M., & Hare, T. A. (2008) The Adolescent Brain. *Annals of the New York Academy of Sciences,*

1124, 111–126.

Eisenberger, N. I., Lieberman, M. D., & Williams, K. D. (2003) Does rejection hurt ? an fMRI study of social exclusion. *Science,* **302** (5643), 290–292.

Feldman, R. (2015) Sensitive periods in human social development : new insights from research on oxytocin, synchrony, and high-risk parenting. *Developmental Psychopathology,* **27** (2), 369–395.

Frye, D., Zelazo, P. D., & Palfai, T. (1995) Theory of mind and rule-based reasoning. *CognitiveI Devetopment,* **10**, 483–527.

古市裕一・柴田雄介（二〇一三）教師の賞賛が小学生の自尊感情と学校適応に及ぼす影響．岡山大学大学院教育学研究科研究集録、第一五四号、二五–三一頁．

Gerstadt, C. L., Hong, Y. J., & Diamond, A. (1994) The relationship between cognition and action : performance of children 3.5-to 7-years-old on a Stroop-like day-night test. *Cognition,* **53**, 129–153.

Goldstein, M. H., King, A. P., & West, M. J. (2003) Social interaction shapes babbling : testing parallels between birdsong and speech. *Proceedings of the National Academy of Sciences of the United States of America,* **100**, 8030–8035.

Goldstein, M. H., & Schwade, J. A. (2008) Social feedback to infants' babbling facilitates rapid phonological learning. *Psychological Science,* **19**, 515–523.

Goldstein, T. R., & Lerner, M. D. (2018) Dramatic pretend play games uniquely improve emotional control in young children. *Developmental Science,* **21** (4), e12603.

Greene, J., & Haidt, J. (2002). How (and where) does moral judgment work ? *Trends in Cognitive Science,* **6**, 520–521.

Helliwell, J. F., Huang, H., & Wang, S. (2017) *Social Foundations of World Happiness.* In J. Helliwell, R. Layard and J. Sachs (Eds.) World Happiness Report 2017. New York : Sustainable Development Solutions Network, pp. 8–47.

Herrmann, E., Haux, L. M., Zeidler, H., & Engelmann, J. M. (2019) Human children but not chimpanzees make irrational decisions driven by social comparison. *Proceedings of the Royal Society B*, **286** (1894) : 20182228.

井上祐子（二〇一四）保育者効力感に関する研究動向と課題．国際人間学部紀要、第二〇号、四七-六二頁．

Izuma, K., Saito, D. N., & Sadato, N. (2008) Processing of social and monetary rewards in the human striatum. *Neuron*, **58** (2), 284-294.

Kanakogi, Y., Inoue, Y., Matsuda, G., Butler, D., Hiraki, K., Myowa-Yamakoshi, M. (2017) Preverbal infants affirm third party interventions that protect victims from aggressors. *Nature Human Behaviour*, **1**, 0037.

Kautz, T., Heckman, J. J., Diris, R., ter Weel, B., & Borghans, L. (2014) *Fostering and measuring skills : improving cognitive and non-cognitive skills to promote lifetime success*. Technical Report (Organisation for Economic Co-operation and Development, Paris).

経済協力開発機構（ＯＥＣＤ）（二〇一八）社会情動的スキル――学びに向かう力．明石書店．

厚生労働省（二〇一三）保育士資格を有しながら保育士としての就職を希望しない求職者に対する意識調査．厚生労働省ホームページ（https://www.mhlw.go.jp/file/04-Houdouhappyou-11907000-Koyoukintoujidoukateikyoku-Hoikuka/0000026218.pdf）（最終アクセス日：二〇一九年一月二一日）．

厚生労働省（二〇一七ａ）保育所保育指針．

厚生労働省（二〇一七ｃ）二〇一五年度版「国民生活基礎調査」．

厚生労働省（二〇一八ｃ）保育所等における保育の質の確保・向上に係る関連資料．厚生労働省ホームページ（https://www.mhlw.go.jp/content/11907000/000360397.pdf）（最終アクセス日：二〇一九年一月二一日）．

Lin, L. Y., Sidani, J. E., Shensa, A., Radovic, A., Miller, E., Colditz, J. B., et al. (2016) Association between social media use and depression among U.S. young adults. *Depress Anxiety*, **33** (4), 323-331.

Matsudaira, I., Yokota, S., Hashimoto, T., Takeuchi, H., Asano, K., Asano, M., et al. (2016) Parental praise correlates

with posterior insular cortex gray matter volume in children and adolescents. *PLoS One,* **11**: e0154220.
松村朋子（二〇一五）保育者のストレスに関する文献レビュー．大阪総合保育大学紀要，第一〇号，二〇三–二一三頁．
McDaniel, B. T., & Radesky, J. S. (2018) Technoference: parent distraction with technology and associations with child behavior problems. *Child Development,* **89** (1), 100–109.
Meyer, M., Bekkering, H., Paulus, M., & Hunnius, S. (2010) Joint action coordination in 2½- and 3-year-old children. *Frontiers in Human Neuroscience,* **4**: 220.
Mischel, W., Shoda, Y., & Peake, P. K. (1988) The nature of adolescent competencies predicted by preschool delay of gratification. *Journal of Personality and Social Psychology,* **54** (4), 687–696.
Moffitt, T. E., Arseneault, L., Belsky, D., Dickson, N., Hancox, R. J., Harrington, H., et al. (2011) A gradient of childhood self-control predicts health, wealth, and public safety. *Proceedings of the National Academy of the United States of America,* **108** (7), 2693–2698.
文部科学省（二〇一二）幼児期の教育と小学校教育の接続について．
文部科学省（二〇一六）幼児教育部会における審議のとりまとめ（平成二八年八月二六日）．
文部科学省（二〇一七）「日本語指導が必要な児童生徒の受入状況等に関する調査（平成二八年度）」の結果について．文部科学省ホームページ（www.mext.go.jp/b_menu/houdou/29/06/__icsFiles/afieldfile/2017/06/21/1386753.pdf）（最終アクセス日：二〇一九年一月二一日）．
文部科学省（二〇一七）幼稚園教育要領．
文部科学省（二〇一八）平成二九年度児童生徒の問題行動・不登校等生徒指導上の諸課題に関する調査結果について（その１）．文部科学省ホームページ（http://www.mext.go.jp/b_menu/houdou/30/10/__icsFiles/afieldfile/2018/10/25/1410392_1.pdf）（最終アクセス日：二〇一九年一月二六日）．

文部科学省・厚生労働省（二〇一七）幼保連携型認定こども園教育・保育要領．

森田洋司（二〇一〇）いじめとは何か．中公新書．

村上達也・西村多久磨・櫻井茂男（二〇一四）小中学生における共感性と向社会的行動および攻撃行動の関連——子ども用認知・感情共感性尺度の信頼性・妥当性の検討．発達心理学研究、第二五巻第四号、三九九—四一一頁．

内閣府（二〇一四）平成二五年度 我が国と諸外国の若者の意識に関する調査．内閣府ホームページ（http://www8.cao.go.jp/youth/kenkyu/thinking/h25/pdf/b2_1.pdf）（最終アクセス日：二〇一九年一月二一日）．

西村和雄・八木匡（二〇一八）幸福感と自己決定——日本における実証研究．経済産業研究所、RIETI DP 18-J-026．

OECD (2015). *Skills for social progress : the power of social and emotional skills.*

Piaget, J. (1932) Le jugement moral chez l'enfant. Presses Universitaires de France. 大伴茂（訳）（一九五七）．児童道徳判断の発達．同文書院．

大西彩子・黒川雅幸・吉田俊和（二〇〇九）児童・生徒の教師認知がいじめの加害傾向に及ぼす影響——学級の集団規範およびいじめに対する罪悪感に着目して．教育心理学研究、第五七巻第三号、三二四-三三五頁．

大西彩子・吉田俊和（二〇一〇）いじめの個人内生起メカニズム——集団規範の影響に着目して．実験社会心理学研究、第四九巻第二号、一一一-一二一頁．

Ra, C. K., Cho, J., & Stone, M. D. (2018) Association of digital media use with subsequent symptoms of attention-deficit/hyperactivity disorder among adolescents. *JAMA*, **320** (3), 255-263.

Ramírez, N. F., Ramírez, R. R., Clarke, M., Taulu, S., & Kuhl, P. K. (2017) Speech discrimination in 11-month-old bilingual and monolingual infants : a magnetoencephalography study. *Developmental Science*, **20** : e12427.

労働政策研究・研修機構（二〇一五）子育て世帯のウェルビーイング——母親と子どもを中心に．JILPT 資料シリーズ、第一四六号．

Ruffman, T., Slade, L., & Crowe, E. (2002) The relation between children's and mothers' mental state language and theory-of-mind understanding. *Child Development,* **73** (3), 734-751.

桜井茂男（二〇〇〇）ローゼンバーグ自尊感情尺度日本語版の検討．発達臨床心理学研究，第一二巻，六五-七一頁．

Sebanz, N., Bekkering, H., & Knoblich, G. (2006) Joint action: Bodies and minds moving together. *Trends in Cognitive Sciences,* **10**, 70-76.

Seeyave, D. M., Coleman, S., Appugliese, D., Corwyn, R. F., Bradley, R. H., Davidson, N. S., et al. (2009) Ability to delay gratification at age 4 years and risk of overweight at age 11 years. *Archives of Pediatrics and Adolescent Medicine,* **163** (4), 303-308.

清水嘉子（二〇〇八）父親の育児幸福感——育児に対する信念との関係．母性衛生，第四八巻第四号，五五九-五六七頁．

清水嘉子・関水しのぶ・遠藤俊子・落合富美江（二〇〇七）母親の育児幸福感——尺度の開発と妥当性の検討．日本看護科学会誌，第二七巻第二号，一五-二四頁．

Sylva, K., Melhuish, E., Sammons, P., Siraj-Blatchford, I., & Taggart, B. (2011) Pre-school quality and educational outcomes at age 11: low quality has little benefit. *Journal of Early Childhood Research,* **9** (2), 109-124.

テルマハームス・リチャード・M／クリフォード・デビィクレア（二〇一六）新・保育環境評価スケール１〈３歳以上〉．法律文化社．

Thibodeau, R. B., Gilpin, A. T., Brown, M., & Meyer, B. A. (2016) The effects of fantastical pretend-play on the development of executive functions: An intervention study. *Journal of Experimental Child Psychology,* **145**, 120-138.

東京大学広報室（二〇一七）二〇一六年（第六六回）学生生活実態調査．東京大学学内広報，第一五〇三号特別号．

Uchida, Y., & Kitayama, S. (2009) Happiness and unhappiness in east and west: themes and variations. *Emotion,* **9**, 441-456.

Yoshikawa, H., Aber, J. L., & Beardslee, W. R. (2012) The effects of poverty on the mental, emotional, and behavioral health of children and youth : implications for prevention. *The American Journal of Psychology,* **67**, 272-284.

おわりに

Jackson, J. C., Gelfand, M., De, S., & Fox, A. (in press) *The loosening of American culture over 200 years is associated with a creativity-order trade-off.* Nature Human Behaviour.

推薦にかえて――まっすぐ静かに、そして着実に

京都大学大学院教授　明和政子

「私は、どこから生まれてきたのか？」
「私は、これからどこへ向かおうとしているのだろう？」
「私は、この世に私だけしかいないのか？」

幼い頃から、そうしたことをずっと考え続けてきました。ことばではうまく表現できないけれども、「私」という何か不確かな存在についてもっと知りたくて、心の研究に携わる仕事に就いたように思います。

人間の意識、心が立ち現れる現象は、世界中の研究者を虜《とりこ》にする研究テーマのひとつです。分子生物学や脳神経科学等の飛躍的な発展により、脳の神経回路や生体を構成する物質についてはかなりの部分が解き明かされてきました。しかし、それらがどのようにふるまえば、心という無限のはたらきが生み出されるのでしょうか。物質の特定だけでは、幼い頃からの疑問は解けないと感じていました。

私が強い関心をもったのは、人間だけがもっている（他の動物とは異なる）心のはたらきとはどのようなものか（What）、それはいつ（When）、どのように（How）、そしてなぜ（Why）今あるような形で生まれ出て変化していくのか、という問いでした。生物としてのヒト（*Homo sapiens*）の心のはたらきは、目で確認できる姿かたちと同様、進化的淘汰の産物です。その事実を踏まえ、この地球上に生きている現生種のうちヒトにもっとも近縁なチンパンジー（*Pan troglodytes*）との比較を通じて、ヒト特有の心のはたらきが創発・発達していく道すじを科学的に明らかにしようとしてきました。「比較認知発達科学」とよばれるアプローチです。

比較認知発達科学は、従来の学問領域の垣根を超えた融合の先に成り立つものです。心理学、神経科学、分子生物学、医学、情報工学などさまざまな研究領域の知見を取り入れることで、科学的な裏づけに乏しかった従来の発達理論や概念を再考してみることができます。また、このアプローチがもつ最大の魅力として、ヒトの心のはたらきが発達する機序を説明しうるモデル（基本原理）を提案できる点があります。科学的に妥当な発達の原理が解き明かされることによって、（逆説的ですが）ヒトの心の発達の多様性、個人差が生まれる理由がようやくみえてくるのです。また、発達原理にもとづくと、個々の発達軌跡をある程度予測できるようになります。実際、児童精神疾患の個別化医療、発達支援の道を切り拓くことに大きく貢献することが期待されています。

比較認知発達科学は、いまだ新しい学問です。このアプローチが学術界で受け入れられるまでには長い時間を要しました。それでも、私が自分の思いを信じて研究を続けることができたのは、日々の挫折や苦しみ、そして歓喜をともに分かち合う仲間がいたからです。それが、本書の著者である今福理博さんです。

彼が私のもとをはじめて訪問した日を、今も鮮明に覚えています。静かな立ちふるまいをする大学四年生でした。人見知りがちなのか、もそもそと小さな声で話すのですが、研究に対するあふれんばかりの思いがしだいに伝わってきました。科学的エビデンス（根拠）にもとづく発達研究がしたい、日常生活において困りごとを抱えている親子が幸せを感じられる世界を実現するための仕事がしたい、と言います。ことばを慎重に選びながら真摯に受け答えする彼の姿勢に、学問に対する情熱と優しさの両面を感じました。

＊

京都大学入学後の今福さんの歩みは、おもに次の二点にまとめることができると思います。

ひとつめは、ヒトに特有の認知能力、特に言語の獲得について独自の視点から切り込んだ研究です。他者とコミュニケーションする経験を通じて、ヒトはどのように言語を習得していくのかを解き明かしてきました。相手から話しかけられる場合、私たちは視覚（他者の顔や口唇部の動き）と聴覚（発話）情報を同期的に処理しています。今福さんは、そうした多感覚情報の同期性にどのくらい敏感であるかが、乳児のその後の言語発達を予測することを見出しました。乳児期の認知発達が、他者との日常的経験により支えられている点を重視した、今福さんならではの発想による成果といえます。

二つめは、早産にともなう胎内経験の短縮や、周産期（胎児期〜新生児期）の医療的措置等の経験が、後の認知発達の個人差と関連することを実証した研究です。今福さんは、京都大学医学部附属病院の医師らと五年以上にわたり共同研究を行ってきました。早産児と満期産児を対象に、生後二年間の認知発達を追跡してきた結果、周産期に経験する環境の異質性が、後の認知発達、特に社会的認知機能の発達と関連することを突き止めました。周産期環境の異質性に着目し、認知発達との関連を検証した研究は世界的にもほとんど行われていなかったため、彼の研究は今、世界的な注目を集めています。こうした基礎的知見は、臨床場面での応用も強く期待されています。日本では、早期産で出生するお子さんの数が増え続けているのですが、彼らが抱える発達リスクを早期に発見、支援することが必要です。今後、今福さんを中心に、科学的エビデンスにもとづく新たな発達支援法が提案されていくでしょう。

*

京都大学での六年間、今福さんは自ら掲げた目標に向かって、まっすぐ静かに、そして地道に努力を重ねてきました。研究者としての彼をひとことで表現するなら、「スロー・バット・ステディ（ゆっくりと、しかし、しっかり着実に）」でしょうか。ヒトを対象とした発達研究は、ラットやマウスなどを対象とした動物実験と比べて圧倒的に長い時間を要します。適用できる実験方法も限られています。また、ヒトの生体システムはたいへん複雑であるため、データの解釈には慎重さが求められます。こうしたむずかしい状況の中で、今福さんは「スロー・バット・ステディ」な姿勢を崩すことなく研究に邁進し、結果として見事な研究成果を修めました。本書は、今福さんだからこそ見出すことができた最先端の研究成果を、彼らしい丁寧な文章でまとめあげたものです。

ヒトは、長い時間をかけてヒト特有の文化を蓄積し、次世代に継承してきました。私が解き明かせないままとなっている問題は、いずれ今福さんが解き明かしてくれるでしょう。そして、比較認知発達科学の重要性と魅力を次の世代へ継承してくれる役割を担ってくれると信じています。

おわりに

本書は、心の発達にかんする研究成果についてまとめたものです。これらの研究成果は、ほとんどが生身の赤ちゃんや子どもから得られたデータにもとづいています。

「人間の心について知りたい」。私は大学の学部生の頃から今に至るまで、発達心理学という学問を学び、心が発達する過程について研究してきました。大学二年生のとき、子どもの教育にたずさわる仕事をしたいと考えていた私は、教育学か心理学のどちらの専攻にすすむのかという悩みに直面しました。そして、子どもの心の発達を一人ひとり、自分の目で観察し、教育につなげていきたいと考え、発達心理学を専攻しました。大学院以降は、神経科学、医学、保育学などの領域の先生方と共同研究する機会をいただき、発達科学という学問に出会いました。はじめは、「遠回りな道を選んでしまった」と思うこともありましたが、知識を学び深めていくうちに、発達科学や発達心理学は「子どもを理解するのに最適な学問である」と考えるようになりました。

発達科学や発達心理学は、ヒトの心とその発達について、行動、脳神経系のしくみなどの多様な観点から学びます。私はこれまで、生まれて間もない赤ちゃんや就学前の子どもの行動や脳を調べることで、ヒトの心の発達について考えてきました。その中で、生まれたばかりの新生児やお腹の中にいる胎児でさえ、ことばや社会性の発達の基盤となる能力をすでに備えていることを知りました。心の発達は、胎児期からすでに始まっているのです。

現在は、保育者（保育士・幼稚園教諭）や小学校〜高等学校教諭を志す学生たちとともに、心の発達について学んでいます。保育者や教員は、心の発達を適切に理解し、子どもとかかわる必要があります。そのために、発達心理学や教育心理学の単位を取得することが必須となっています。子どもの発達を理解したうえで、それぞれの子どもに合わせたかかわりが求められるためです。

近年、保育・教育の現場では「さまざまな家庭に育つ子ども、多様なルーツをもつ子ども、発達障害の子どもが増えている」という声を多く聞きます。このような子どもたちとどのようにかかわればよいのでしょうか。子どもたちがもつさまざまな特性を理解し、適切にかかわるための知識が求められているのです。実験や観察、調査にもとづく科学的なアプローチによって、心の発達を一つひとつ解き明かす必要があります。本書は、データから得られた科学的根拠（エビデンス）を多く掲載するようにしました。エビデンスは、子どもたちを理解するための一つの基準になるでしょう。

エビデンスを大切にするということは、経験によって得られた「このかかわり方は子どもの発達に良い」という感覚を否定するものではありません。ただし、科学的な実証なしに、

「子どもの発達に良い」とするのは少々危険です。このようなことをいうと、「科学ですべてが説明できるわけではない」という声も聞こえてきそうです。しかし、赤ちゃんや子どもの発達のしくみを理解するために問い続け、仮説を検証する姿勢はとても大切であると考えます。

科学的に物事を検証する方法（科学的研究）には、一定の決まりがあります（図終-1）。まず、問題意識をもち、関連する先行研究を調べます。リンゴが落ちる様子から万有引力を発見したアイザック・ニュートンの「巨人の肩の上に立つ」ということばがあるように、先人（巨人）の蓄積してきた先行研究にもとづき、その問題を検証していくのです。その後、研究目的と仮説を立て、調べたいことを信頼性と妥当性をもって検証できる研究方法を用いて実験や観察、調査を行います。最後に、得られた結果を記述し、「仮説が支持されたか」や「なぜ、このような結果になったか」を論理的に考察します。「赤ちゃんはいつから自分の名前がわかるの？」という問題意識をもったときの科学的な検証方法の例を図終-1に示します。これはほんの一例ですが、科学的な思考方法を身につけることは、新たな問題を解決していくために必要です。知識を積み重ね、問題に対する仮説を検証することで、新たな問題に取り組めるようになるのです。

このような科学的な研究を通じた思考方法の育成は、「育みたい資質・能力」の三つの柱（第5章1節参照）を育むために注目されている、アクティブ・ラーニングによる学びに似て

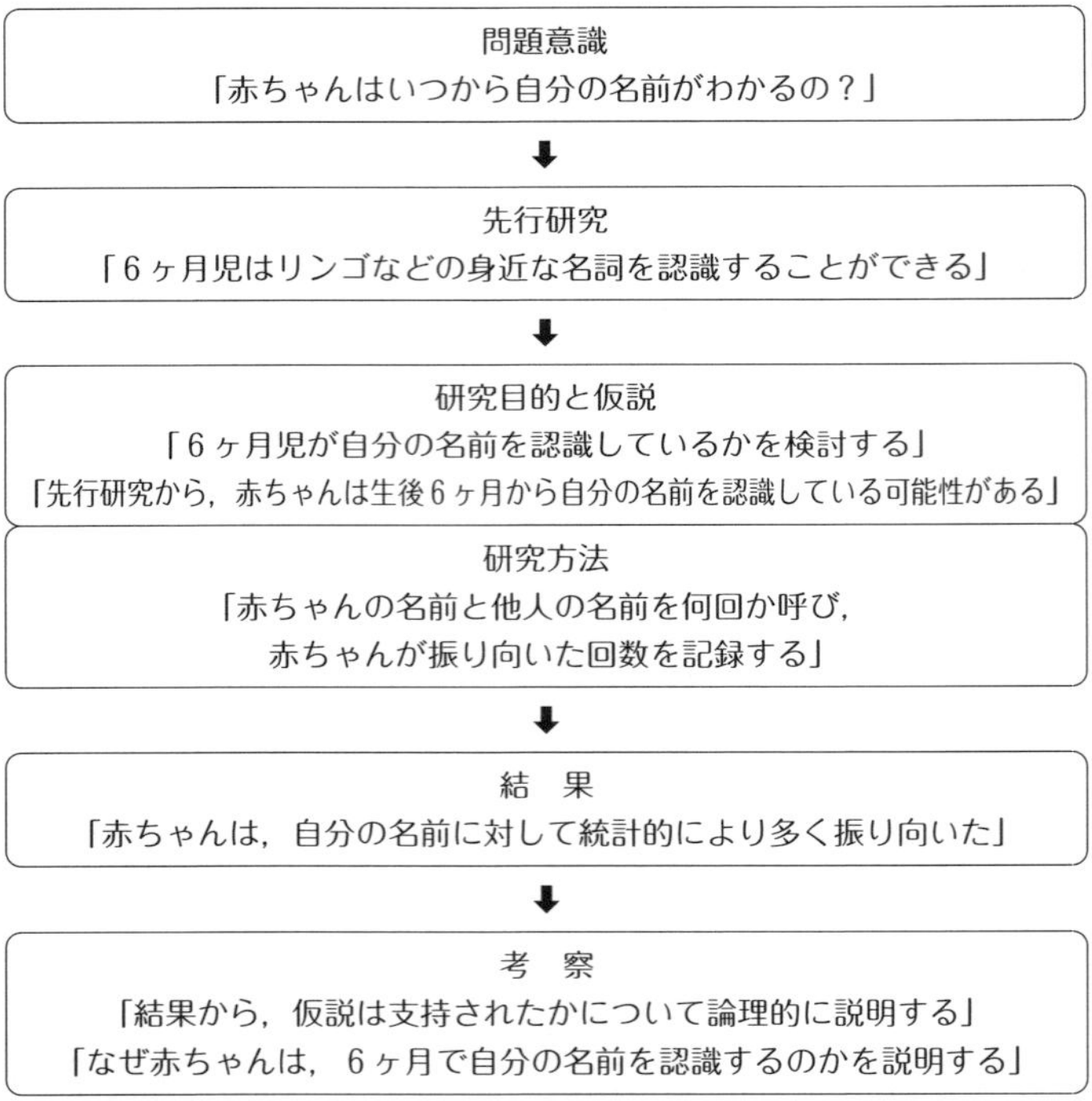
問題意識
「赤ちゃんはいつから自分の名前がわかるの？」
先行研究
「6ヶ月児はリンゴなどの身近な名詞を認識することができる」
研究目的と仮説
「6ヶ月児が自分の名前を認識しているかを検討する」
「先行研究から，赤ちゃんは生後6ヶ月から自分の名前を認識している可能性がある」
研究方法
「赤ちゃんの名前と他人の名前を何回か呼び，
赤ちゃんが振り向いた回数を記録する」
結　果
「赤ちゃんは，自分の名前に対して統計的により多く振り向いた」
考　察
「結果から，仮説は支持されたかについて論理的に説明する」
「なぜ赤ちゃんは，6ヶ月で自分の名前を認識するのかを説明する」

図終-1．科学的な検証方法の例

います。アクティブ・ラーニングとは、「主体的・対話的で深い学び」のことです。「主体的な学び」は、子どもたちが自身の興味や好奇心に従って学ぶことです。「対話的な学び」は、子ども同士や大人との対話の中で、自分と同じ、または違う視点に気づき、自分の思考を広げていくことです。「深い学び」は、知識を関連づけたり、自分の意見を形成、表現し、新たな問題解決に取り組むことです。高度経済成長と安定・停滞を経て、次々と新しい

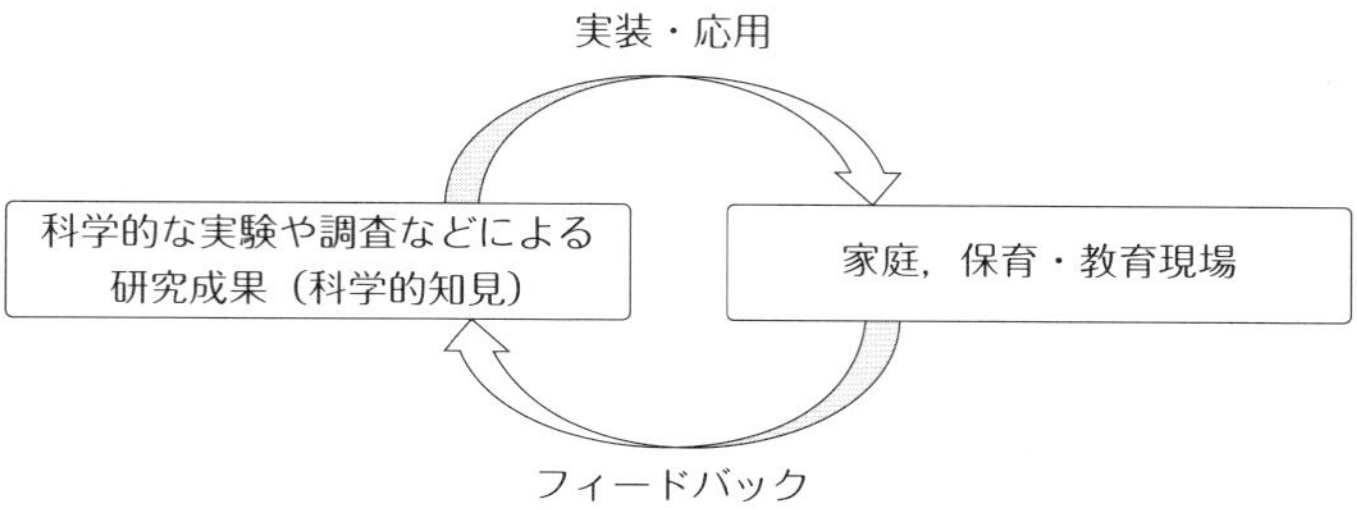

図終-2．研究成果（科学的知見）と現場をつなぐ

サービスや働き方、環境が創出される現代社会において、アクティブ・ラーニングのように新たな問題を発見し、対話を通して解決する能力を育む教育は有効になってくるでしょう。

子育て、保育や教育の現場でこれまで前提とされてきた「常識」も、再考し、アップデートする必要があるのかもしれません。古き良き慣習（社会・文化的規範）が変化していくほど、私たちの創造力は向上するそうです（Jackson et al., in press）。「常識」がなぜあるのか。「常識」は、子どもたちの発達にとって適切であるのか。私は、科学的な実験や調査などによる研究成果（科学的知見）を、家庭、保育・教育現場に実装・応用し、現場からのフィードバックを得て、再検証するしくみは必須であると考えます（図終-2）。これからを生きる子どもたちのために、疑問をもち、考え続けて真理を追究していきましょう。

本書が子どもたちの発達を理解することや、より良い子育て、保育や教育の環境づくりのきっかけとなることを願います。赤ちゃんや子どもとかかわる、より多くの方々にお手に取っていただければ幸いです。そして、今後も続くであろう心の発達にかんする新たな発見を、私も研究者であり教育者の一人として楽しみにしています。

＊

本書の執筆にあたり、多くの方々に支えていただきました。まず、これまでにたずさわった研究は、研究にご快諾いただいた赤ちゃんやお子さまとその保護者の皆さまのご協力がなければ進めることはできませんでした。研究へのご協力をいただいた方々に心から感謝申し上げたいと思います。

私が修士課程の頃よりお世話になった明和政子先生（京都大学大学院教育学研究科教授）には、最先端の研究に触れる機会を提供いただいたことに加えて、研究者としての姿勢や役割、研究成果を社会に還元することの重要性を教えていただきました。愚鈍な私を見放さず、時間をかけて根気強く、労を惜しまずご指導くださいました。明和先生のもとで学んだことを、次の世代に少しでも伝えることができればと思います。明和先生に心より深く感謝申し上げたいと思います。また、公私ともにお世話になり、大学院をともに過ごした明和研究室の田中友香理氏（京都大学大学院教育学研究科特定助教）、熊木悠人氏（福岡教育大学教育学部助教）、新屋裕太氏（東京大学大学院教育学研究科特任研究員）をはじめ、明和研究室のＯＢ・ＯＧ、後輩、事務スタッフの皆さまに感謝申し上げます。

河井昌彦先生（京都大学医学部附属病院小児科教授）、丹羽房子先生（京都大学医学部附属病院小児科助教）には、小児科外来という医療現場で共同研究を行うにあたり、多大なご支援をいただきました。同時に、臨床的な立場から、研究についての貴重なご助言をいただきました。また、小児科の医療スタッフの皆さまには、日常の業務でご多用の中、研究のために多大なるご尽力をいただきました。板倉昭二先生（同志社大学研究開発推進機構専任フェロー（教授））、開一夫先生（東京大学大学院総合文化研究科教授）、小池進介先生（東京大学大学院総合文化研究科准教授）、森口佑介先生（京都大学大学院教育学研究科准教授）、鹿子木康弘先生（追手門大学心理学部准教授）は、多角的な視点から発達を科学することの面白さを教えてくださり、いつもあたたかく励ましてくださいました。皆川泰代先生（慶應義塾大学文学部教授）、山本淳一先生（慶應義塾大学文学部教授）をはじめ、慶應義塾大学文学部心理学専攻の先生方には、実験心理学の基礎とともに、学問の奥深さを教えていただきました。今まで出会い、支えてくださったすべての先生方にこの場を借りて御礼申し上げます。日頃から見守ってくれていた父、母、妹、祖父母、妻にもありがとうを伝えたいと思います。

世界で活躍する新進気鋭のアーティストであるシシヤマザキさんには、表紙のイラストを描いていただきました。発達科学という学問に相応しい斬新でかわいらしいイラストをありがとうございました。また、一冊の本を書くことははじめての経験でしたが、編集担当の丸山碧さんに優しいことばがけをいただきながらどうにか執筆することができました。ご縁をいただき、お仕事をご一緒できたことに感謝いたします。

最後に、本書の出版にあたり、平成三〇年度「京都大学総長裁量経費・若手研究者出版助成事業」に支援いただきました。山極壽一総長と関係者の方々に御礼申し上げます。

今福理博

二〇一九年三月

は　行

ま　行

や　行

ら・わ　行

欧　文

た　行

な　行

索　引

（＊は人名）

《著者紹介》

今福理博（いまふく・まさひろ）

1987年，東京生まれ。

武蔵野大学教育学部准教授。京都大学 博士（教育学）。東京大学大学院総合文化研究科特任研究員。

専門は，発達科学，発達心理学，教育心理学。

慶應義塾大学文学部卒業，京都大学大学院教育学研究科博士後期課程研究指導認定退学，同大学大学院教育学研究科特定助教，日本学術振興会特別研究員（PD）を経て，現職。

著書に，『ベーシック発達心理学』（共著，東京大学出版会，2018年），『どこかなどこかな？』（絵本；作・監修，エンブックス，2021年），『どこかなどこかな？どうぶつ』（絵本；作・監修，エンブックス，2023年）ほか。

赤ちゃんの心はどのように育つのか
——社会性とことばの発達を科学する——

2019年５月15日　初版第１刷発行　〈検印省略〉
2024年８月10日　初版第４刷発行

定価はカバーに
表示しています

著　者　今　福　理　博
発行者　杉　田　啓　三
印刷者　坂　本　喜　杏

発行所　株式会社　ミネルヴァ書房
607-8494　京都市山科区日ノ岡堤谷町１
電話代表　(075)581-5191
振替口座　01020-0-8076

冨山房インターナショナル・吉田三誠堂製本

ISBN 978-4-623-08654-2
Printed in Japan